新・教職課程演習　　第18巻

中等英語科教育

筑波大学人文社会系教授　**卯城　祐司**
広島大学大学院准教授　**樫葉みつ子**　編著

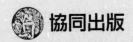

協同出版

刊行の趣旨

　教育は未来を創造する子どもたちを育む重要な営みである。それゆえ，いつの時代においても高い資質・能力を備えた教師を養成することが要請される。本『新・教職課程演習』全22巻は，こうした要請に応えることを目的として，主として教職課程受講者のために編集された演習シリーズである。

　本シリーズは，明治時代から我が国の教員養成の中核を担ってきた旧東京高等師範学校及び旧東京文理科大学の伝統を受け継ぐ筑波大学大学院人間総合科学研究科及び大学院教育研究科と，旧広島高等師範学校及び旧広島文理科大学の伝統を受け継ぐ広島大学大学院人間社会科学研究科（旧大学院教育学研究科）に所属する教員が連携して出版するものである。このような歴史と伝統を有し，教員養成に関する教育研究をリードする両大学の教員が連携協力して，我が国の教員養成の質向上を図るための教職課程の書籍を刊行するのは，歴史上初の試みである。

　本シリーズは，基礎的科目9巻，教科教育法12巻，教育実習・教職実践演習1巻の全22巻で構成されている。各巻の執筆に当たっては，学部の教職課程受講者のレポート作成や学期末試験の参考になる内容，そして教職大学院や教育系大学院の受験準備に役立つ内容，及び大学で受講する授業と学校現場での指導とのギャップを架橋する内容を目指すこととした。そのため，両大学の監修者2名と副監修者4名が，各巻の編者として各大学から原則として1名ずつ依頼し，編者が各巻のテーマに最も適任の方に執筆を依頼した。そして，各巻で具体的な質問項目（Q）を設定し，それに対する解答（A）を与えるという演習形式で執筆していただいた。いずれの巻のどのQ&Aもわかりやすく読み応えのあるものとなっている。本演習書のスタイルは，旧『講座教職課程演習』（協同出版）を踏襲するものである。

　本演習書の刊行は，顧問の野上智行先生（広島大学監事，元神戸大学長），アドバイザーの大髙泉先生（筑波大学名誉教授，常磐大学大学院人間科学研究科長）と髙橋超先生（広島大学名誉教授，比治山学園理事），並びに副監修者の筑波大学人間系教授の浜田博文先生と井田仁康先生，広島大学大学院教授の深澤広明先生と棚橋健治先生のご理解とご支援による賜物である。また，協同出版株式会社の小貫輝雄社長には，この連携出版を強力に後押しし，辛抱強く見守っていただいた。厚くお礼申し上げたい。

　2021年2月

監修者　筑波大学人間系教授　清水　美憲

広島大学大学院教授　小山　正孝

序文

　2020年度は，グローバル化に対応する「小・中・高の新学習指導要領」，「英語教育改革」，そして「大学入試改革」からなる教育改革の年である。

　今年度から小学校で，2021年度からは中学校で，そして2022年度からは年次進行で高校の新学習指導要領が実施される。従来，小学校5・6年生を対象に行われていた外国語活動（英語）が3・4年生で行われ，5・6年生では教科として英語がスタートした。「英語に慣れ親しむ」ことにとどまらず，「読む」「書く」も加わった4技能5領域が対象となる。

　中学校の授業も英語で行い，高度な英語力を身に付けさせる。身近な話題について理解し，簡単な情報交換や表現ができる能力を養うとともに，思考力，判断力，表現力などを重視する。高校では，より幅広い内容について理解し，英語話者とやり取りできる能力を養う。英語で授業を進めるだけでなく，ディベートやプレゼンテーションなども授業に取り入れる。

　また，2020年度（2021年1月実施）から，センター試験が共通テストに変わった。英語は，「リーディング」と「リスニング」の配点が同じになる。発音，アクセント，語句整序などはなくなり，要点把握，複数の情報統合など，思考力・判断力が求められる。実際のコミュニケーションを想定した明確な場面，目的，状況を設定した中で英語を読み，聞く力が問われる。

　さらに，年明けから日本全国を襲った新型コロナウイルスの影響は英語教育にもおよび，教室で児童・生徒・学生と共に学ぶことが許されず，いや応なしにオンライン化がスタートした。これまでマルチメディアと縁のなかった教室でも，TeamsやZoomなどのビデオ会議ツールを用いた同期型，オンライン上に教材や資料，音声，動画を配信する非同期型，そして複合型などを試み，授業の形が大きく変わることになった。

　このようなかつてない大きな英語教育改革の動きの中で，私たち英語教師や，これから英語教師をめざそうとする人たちには，どのような資質や能力

が求められているのであろうか。確固とした理論的基盤をもとに，確かな学力につながる豊かな実践を行うためには，英語力とともに，英語教育学についての幅広い理解が必要である。

この度，我が国の中等教育の教員を多く輩出してきた筑波大学と広島大学の教員，修了生や仲間が協力するという初の試みにより，英語授業の向上を図ることになった。

本書は，次のような章立てによって構成されている。

第1章　英語科の目的・目標

第2章　外国語教育の基礎知識・背景的知識

第3章　英語科の内容と指導

第4章　英語科の評価法

第5章　学習者理解と英語科の授業

第6章　英語科の授業づくり

第7章　英語科の教師の自主研修

第8章　英語科の小・中・高・大の連携

本書は，具体的な質問項目を合わせて60想定し，それに対して，出来るだけ分かりやすい解答を2頁〜4頁にまとめて記載するという演習形式をとっている。理論と実践に関する基本的な事柄のうち重要な項目を精選し，英語教育の体系的な理解のためにも，必要な項目を個々に調べるためにも使えるよう編集したものである。これから中学校や高等学校の英語教師になる夢と志をもった人たちや，教壇に立ってからも成長し続ける英語教師として，学校現場におられる先生方を対象に，目指すべき資質・能力，そして英語教師として自らのあり方や成長について考えるきっかけとなれば幸いである。

新型コロナウイルスによる影響が沈静化した後の，より成熟したグルーバル社会を創り生き抜く次の世代が，私たちの英語教室で育つことを心から望んでいる。読者のみな様からのご意見やご助言を頂けたら幸いである。

2021年2月

編者　卯城祐司・樫葉みつ子

目次

第3章　英語科の内容と指導

第4章　英語科の評価法

第5章　学習者理解と英語科の授業

第6章　英語科の授業づくり

第7章　英語科の教師の自主研修

第8章　英語科の小・中・高・大の連携

第1章　英語科の目的・目標

Q1 外国語科で育成する資質・能力を説明しなさい

1. 3つの柱に基づく目標

　2017年（平成29年）・2018年（平成30年）改訂学習指導要領では，外国語について，外国語によるコミュニケーションにおける見方・考え方を働かせ，4技能5領域（「聞くこと」，「読むこと」，「話すこと（やり取り）」，「話すこと（発表）」，「書くこと」）の言語活動や，これらの複数の領域を結びつけた統合的な言語活動を通して，総合的に指導する，としている。そして，育成すべき資質・能力の「3つの柱」に基づき教科の目標を整理している。

(1) 何を理解しているか，何ができるか（生きて働く「知識・技能」の習得）」

　外国語の音声や語彙，表現，文法，言語の働きなどを理解する（高校では「言語の働きなどの理解を深めるとともに」），これらの知識を，聞くこと，読むこと，話すこと，書くことによる実際のコミュニケーションにおいて（高校では，「目的や場面，状況などに応じて適切に」）活用できる技能を身につけるようにする。

(2) 理解していること・できることをどう使うか（未知の状況にも対応できる「思考力・判断力・表現力」の育成）

　コミュニケーションを行う目的や場面，状況などに応じて，日常的な話題や社会的な話題について，外国語で簡単な情報や考えなどを理解したり（高校では，「情報や考えなどの概要や要点，詳細，話し手や聞き手の意図などを的確に理解したり」），これらを活用して（高校では「適切に」）表現したり伝え合ったりすることができる力を養う。

(3) どのように社会・世界と関わり，よりよい人生を送るか（学びを人生や社会に生かそうとする「学びに向かう力・人間性」等の涵養）

　外国語の背景にある文化に対する理解を深め，聞き手，読み手，話し手，書き手に配慮しながら，主体的（高校では「主体的，自律的」）に外国語を

用いてコミュニケーションを図ろうとする態度を養う。

２．外国語科における見方・考え方

　外国語によるコミュニケーションの「見方・考え方」とは，
　①どのような視点で物事を捉え
　②どのような考え方で思考していくか
という，物事を捉える視点や考え方のことである。すなわち，①は，「外国語やその背景にある文化を，社会や世界，他者との関わりに着目して捉える」ことに，②は，「コミュニケーションを行う目的や場面，状況等に応じて，情報を整理しながら考えなどを形成し，再構築する」ことに，対応する。

　外国語で誰かとコミュニケーションを行うには，
　・社会や世界とのかかわりの中で，物事を捉える
　・外国語やその背景にある文化の多様性を尊重し，理解する
など，コミュニケーションの相手に配慮することが求められる。

　また，コミュニケーションを行う目的や場面，状況等に応じて，
　・すでに知っていることと学んだことを関連付ける
　・情報を整理しながら考えを作り上げる
　・課題を見つけて，自分なりに解決策を考える
すなわち外国語では，適切な言語材料を活用し，思考・判断して情報を整理し，自分の考えをまとめ，それを表現し伝え合う。

　「見方・考え方」を豊かにすることで，学ぶことの意味と自分を主体的に結びつける学びが実現されることになる。

参考文献

文部科学省（2018）．『中学校学習指導要領（平成29年告示）解説　外国語編』東京：開隆堂出版．

文部科学省（2019）．『高等学校学習指導要領（平成30年告示）解説　外国語編英語編』東京：開隆堂出版．

　　　　　　　　　　　　　　　　　　　　　　　　　　　（卯城祐司）

Q2 中学校高等学校の外国語科における思考力・判断力・表現力を説明しなさい

　2007（平成19）年に学校教育法が改訂されて，思考力・判断力・表現力は学校教育で付けるべき学力の3要素の1つとなった。その考えは2008年度改訂の学習指導要領にすでに盛り込まれているが，これまで以上に予測不可能な社会に入った今，2017・2018年に改訂された学習指導要領ではさらに強調され，すべての教科において，資質・能力の柱の1つとして思考力・判断力・表現力をより一層育てることを目指している。

　外国語科においては，教科固有の中核的な目標である「コミュニケーション能力の育成」に指導の力点が置かれていて，思考力・判断力・表現力を意識した指導が十分行われてこなかった。学校教育の中で教科として行われている限り，外国語科も例外ではない。主体的・対話的で深い学びと関係の深い「思考力・判断力・表現力」について，外国語科での捉え方を解説する。

　最初に2点確認しておく。1つは，学校教育で付けるべき思考力・判断力・表現力であるが，学校教育法第30条では，「これら（基礎的な知識及び技能）を活用して課題を解決するために必要な思考力，判断力，表現力」と記載されている。思考力・判断力・表現力は幅広い意味で用いられるが，「課題解決に必要な」と限定されているのである。そのため，外国語科の学習指導要領でも，「具体的な課題等を設定し」という記述が加えられている。

　もう1つは，「思考力・判断力・表現力」のようにほとんどの場合，「・」で繋がれていることである。これは，十分に思考・判断したことが分かるように表現するという一連の流れで捉えているためである。思考の程度は表現されなければわからない。表現された内容を基に思考の深さや方法を理解することができる。また英語の教員は，「ペアで道案内をさせているから表現力は付けている」などと言うが，それは誤解であり，この文脈での表現力は，思考・判断したことを論理的に表現させることを意味している。

1．資質・能力と思考力・判断力・表現力

2017・2018年の学習指導要領の改訂では，総則において育成すべき資質・能力が整理された。(1) 学習の基盤となる資質・能力，(2) 現代的な諸課題に対応して求められる資質・能力，に大別し，前者には言語能力，情報活用能力，問題発見・解決能力が挙げられている。外国語科にはその中でも特に言語能力の育成が求められている。逆に情報活用能力を付ける機会は多くない。そして，これらの資質・能力を，学力の3要素を基にした「知識及び技能」，「思考力，判断力，表現力等」，「学びに向かう力，人間性等」を「資質・能力の3つの柱」として育成が図られることになった。資質・能力と思考力・判断力・表現力との関係は，以下のように図でまとめることができる。

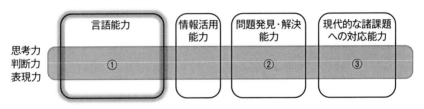

図1-2-1　資質・能力と思考力・判断力・表現力　　　（筆者作成）

この図からわかるように，思考力・判断力・表現力と言っても，思考の対象は，①～③の3つの資質・能力ごとに検討する必要がある。

2．学習指導要領に記載された指導事項

学習指導要領に示されている思考力・判断力・表現力に関する具体的な指導事項を，中学校学習指導要領を基に分析する。そこでは次のア～ウが挙げられている。

ア　日常的な話題や社会的な話題について，英語を聞いたり読んだりして必要な情報や考えなどを捉えること。

イ　日常的な話題や社会的な話題について，英語を聞いたり読んだりして得られた情報や表現を，選択したり抽出したりするなどして活用し，話したり書いたりして事実や自分の考え，気持ちなどを表現すること。

ウ　日常的な話題や社会的な話題について，伝える内容を整理し，英語で話したり書いたりして互いに事実や自分の考え，気持ちなどを伝え合うこと。

これらの内容から，学習指導要領では，主として言語能力の点からの記載になっていることがわかる。

学習指導要領の作成に当たって，外国語科の有識者会議が，未定稿であるが例示した外国語科の思考の流れを基に筆者が改変した図を以下に示す。

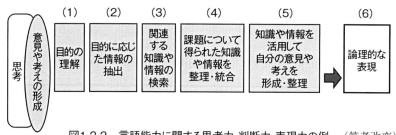

図1-2-2　言語能力に関する思考力・判断力・表現力の例　（筆者改変）

上述したア～ウを図1-2-2に当てはめると，アは（2）に，イは（4）と（6），ウは（5）と（6）に該当する。すなわち，目的を明確にして，この一連のコミュニケーションのプロセスのいずれかの活動を行うことで外国語科での思考力・判断力・表現力を育てることができると言えよう。

以上の内容を学習指導要領では，「具体的な課題等を設定し，コミュニケーションを行う目的や場面，状況などに応じて，情報を整理しながら考えなどを形成し，これらを論理的に表現することを通して」身に付けること，とまとめられている。

ここでのキーワードは，「コミュニケーションを行う目的や場面，状況」である。それらを明確に設定して，それに合った理解をしたり，それにふさわしい表現や構成で話したり書いたりするようにしなければならない。

具体的には，単に書かれている内容を読み取るのではなく，筆者がもっとも伝えたい要点を読み取ることや，あるテーマについてクラスメートに自分

の考えを整理して述べること，などの活動を通して身に付けるのである。

3．他の資質・能力における思考・判断の対象

　言語能力以外にも育てるべき資質・能力がある。それらについて何を思考・判断するのかについて説明する。

　「現代的な諸課題に対応して求められる資質・能力」（図1-2-1の③）は他教科と同様で，環境問題，人口問題，食糧問題など今後解決しなければならない諸課題について，英語で書かれたものを読んだり聞いたりして理解したり，解決策等を英語で議論したり提案したりすることである。

　「問題発見・解決能力」（図1-2-1の②）に関して，コミュニケーション能力の育成を中心的な目標とする英語科における「問題」とは，コミュニケーションに関する問題，すなわち英語パフォーマンスに関する問題と捉えられよう。設定された課題をうまく遂行することができない，目的や場面，状況に合ったパフォーマンスがうまくできないことが問題であると考えればよい。

　例えば，外国から訪問で来られる先生方を前に，学校紹介のプレゼンテーションをすることになったとする。プレゼンテーションの原稿を書いてみたけれど，これでいいのか不安が残ることがよくある。どうすれば英語のプレゼンテーションにふさわしい構成になるのか，年上の先生に対する適切な英語の表現はどのようなものか，などが「問題」となるのである。それを自ら調べてプレゼンテーションの原稿を修正することを通して，課題解決能力が付くと考えられる。

　授業場面では，自分の行った（場合によっては他の人が行った，あるいは教科書に示されている）パフォーマンスを取り上げて，場面や目的，状況に照らして問題を見つけ，それを改善する経験を積ませることが重要であり，そのプロセスを通して思考力等を育成することができる。

　さらには，それらの活動によって，プレゼンテーションの原稿の書き方など外国語によるパフォーマンスの仕方が身に付く。そこで身に付けた知識や技能こそが「深い学び」なのである。

（松浦伸和）

Q3 中学校と高等学校の「聞くこと」の目標の相違点を説明しなさい

1. 中学校と高等学校の「聞くこと」の目標

2017年・2018年改訂学習指導要領では，中学校と高等学校における「聞くこと」の領域の具体的な目標が，それぞれ次のように設定されている。

〈中学校〉

ア　はっきりと話されれば，日常的な話題について，必要な情報を聞き取ることができるようにする。

イ　はっきりと話されれば，日常的な話題について，話の概要を捉えることができるようにする。

ウ　はっきりと話されれば，社会的な話題について，短い説明の要点を捉えることができるようにする。

〈高等学校・英語コミュニケーションⅠ〉

ア　日常的な話題について，話される速さや，使用される語句や文，情報量などにおいて，多くの支援を活用すれば，必要な情報を聞き取り，話し手の意図を把握することができるようにする。

イ　社会的な話題について，話される速さや，使用される語句や文，情報量などにおいて，多くの支援を活用すれば，必要な情報を聞き取り，概要や要点を目的に応じて捉えることができるようにする。

　これらの目標はいずれも，どのような条件において（条件），どのような言語の質の（テキスト），どのようなタスクを果たせるか（タスク），の3つの要素で構成されている。小学校から高等学校までの目標の高まりと，中学校と高等学校における違いとを，これら3つの要素に分けてみていきたい。

2. 中学校と高等学校の目標の相違点

(1) 聞く際の「条件」

条件については，「ゆっくりはっきりと話されれば」（小学校）→「はっき

りと話されれば」（中学校）→「話される速さや，使用される語句や文，情報量などにおいて，多くの支援を活用すれば」（高等学校）と設定されている。

　音声の明瞭さや速さ等は聞き取りの難易度に大きく影響するため，初めは遅めの明瞭な英語，中学校では自然な速さの明瞭な英語，高等学校では自然な速さと発音の英語を聞き取るとされている。また，高等学校での指導に際しては，聞き取りの負担を軽減するために，生徒に合わせて話す速さや強調，間の取り方などに配慮を加えたり，語句や文を理解できるように言い換えたり，聞き取る分量や回数を調整したりすることになっている。

（2）聞き取る「テキスト」

　テキストは，「自分のことや身近で簡単な事柄」（小学校）→「日常的な話題」「社会的な話題」（中学校・高等学校）と抽象性が高まる。

　日頃から馴染みのある話題は聞いて理解しやすい。それに対して，社会的な出来事や問題等を扱ったテキストは，話題についての一般的な知識が必要である上に，話題に関連した語彙や文法という多くの英語の知識が必要とされることから，聞き取りの難易度が上がる。中学校・高等学校では，「日常的な話題」と「社会的な話題」を扱ったテキストを聞くが，発達段階に応じて，テキストの話題や知識は豊富なものになっていく。

（3）聞き取りの「タスク」

　聞き取るべきものは，「具体的な情報」「短い話の概要」（小学校）→「必要な情報」「概要」「要点」（中学校）→「概要」「要点」「話し手の意図」（高等学校）となる。コミュニケーションの目的・場面・状況に応じて聞く力を育てるために，中学校では，自分に必要な情報を聞き取るという目的を意識して聞けるようにする。さらに，高等学校では，目的・場面・状況から推論して話し手の意図を聞き取ることができるようにすることになる。発話の意図，つまり，文脈の中での言外の意味を推論できるようにする指導が，今後は，聞くことにおいても，もっと必要となる。

（樫葉みつ子）

Q4 中学校と高等学校の「読むこと」の目標の相違点を説明しなさい

1．目標のつながりを意識する

　表1-4-1は，平成29年および平成30年改訂学習指導要領における中学校と高校の「読むこと」の目標を示したものである。今回の学習指導要領では，小中高で一貫した学びが重視されている。そのため，中学校のア，イの目標を踏まえて高校のアの目標が設定され，中学校のウの目標を踏まえて高校のイの目標が設定されている。中学校，高校，それぞれの教員は小学校を含めた目標間のつながりを意識して内容を捉えたい。

表1-4-1 学習指導要領における「読むこと」の目標

中学校	高等学校
ア　日常的な話題について，簡単な語句や文で書かれたものから必要な情報を読み取ることができるようにする。 イ　日常的な話題について，簡単な語句や文で書かれた短い文章の概要を捉えることができるようにする。	ア　日常的な話題について，使用される語句や文，情報量などにおいて，多くの支援を活用すれば，必要な情報を読み取り，書き手の意図を把握することができるようにする。
ウ　社会的な話題について，簡単な語句や文で書かれた短い文章の要点を捉えることができるようにする。	イ　社会的な話題について，使用される語句や文，情報量などにおいて，多くの支援を活用すれば，必要な情報を読み取り，概要や要点を目的に応じて捉えることができるようにする。

（筆者作成）

2．中学校と高校の「読むこと」のポイント

　中学校での「読むこと」のポイントは，「必要な情報を読み取る力」と「概要や要点を捉える力」をつけることである。前者の「必要な情報を読み

取る力」は，目に入る全てを読むのではなく，目的や状況に応じて必要な情報を読み取る力である。学習指導要領には，例として，「学校での連絡事項の中から自分が所属する委員会の活動場所を確認することや，取扱説明書から必要としている説明を読み取ることなど」が挙がっていることから，スキャニング（文章から特定の情報を探し出す読み方）のような読みであることが分かる。後者の「概要や要点を捉える力」は，物語のあらすじ（概要）を捉えたり，説明文の中で最も重要なこと（要点）は何かを判断したりする力である。これは母語でも行うのが難しく，とても負荷の高い認知活動である。第二言語である英語で行う場合には，短い文章から練習していくなど段階的な取り組みが必要である。

　注意点としては，中学校では「簡単な語句や文で書かれたもの」や「短い文章」といった一定の制限が設けられていることが挙げられる。生徒にとって語彙や文構造が難しすぎたり，背景知識の乏しかったりする読み物ではなく，より身近で自分から主体的に向かい合える教材選びを心掛ける。

　高校でのポイントは，中学校で取り組んできた必要な情報を読み取ったり，概要や要点を捉えたりする力を継続して育成しつつ，何のために読むのかという目的を意識させることである。文章の一文一文を最初から最後まで丁寧に読むだけではなく，焦点を絞って読んだり，書き手の意図に思いを巡らせたり，主人公の視点に立って読んだり，同じテーマに関する複数の新聞記事を読み比べたりするなど，読むことには多種多様な読み方があるということを生徒に体験させる。その際，学習指導要領にもあるように，教師は生徒に必要だと考えられる支援を質と量の面から検討する。

　また，高校では読むという行為だけに留まらず，読んで書く，読んで話すといった統合的な読みも求められている。読むという行為は受動的な活動ではなく，コミュニケーションを念頭に置いた能動的な活動であることを意識し，柔軟な読み方を身に付けさせたい。

（清水　遥）

Q5　中学校と高等学校の「話すこと〔やり取り〕〔発表〕」の目標の相違点を説明しなさい

1.〔やり取り〕,〔発表〕に共通する中高の目標の相違点

　新学習指導要領において「話すこと」は，CEFR（ヨーロッパ言語共通参照枠）を参考に〔やり取り〕と〔発表〕の2領域に分類された。〔やり取り〕とは，話し手と聞き手の役割を交互に繰り返す双方向のコミュニケーション，〔発表〕とは聞き手に対して一方向で話して伝えるコミュニケーションのことである。話すことについての中高の目標の相違点を検討するにあたり，高校では必履修科目である「英語コミュニケーションⅠ」を比較対象とした。以下は，これら2領域に共通する中高の目標の主な相違点である。

（1）話題の広がり

　中学校の目標では，「関心のある事柄」,「日常的な話題」,「社会的な話題」を取り扱っている。さらに，高校の目標では，高校の生活範囲の広がりに応じた話題を加えるとともに，徐々に時事的・学術的話題などより抽象度が高い内容や詳細で具体的な情報なども取り扱う。

（2）言語材料

　中学校では「簡単な語句や文」として小学校で学習した語彙・表現と中学校で扱う語句や文を扱うが，高校では「基本的な語句や文」として中学校で学習した言語材料に加え，高校の英語科目で学習する語彙や表現を扱う。

（3）話の一貫性

　中学の目標では，聞き手が理解しやすいように①伝える項目の精選，②適切な順序への並べ替え，③分かりやすい展開や構成などを求めている。高校の目標では，できる限り論理の矛盾や飛躍がないよう理由や根拠を明らかにするなどして，より論理的な一貫性が求められている。

（4）支援

　高校の目標でのみ，支援の活用が明記されている。英語コミュニケーショ

ンⅠでは「多くの支援を活用すれば」,同Ⅱでは「一定の支援を活用すれば」,同Ⅲでは「支援をほとんど活用しなくても」と徐々に支援は減り,自立した英語学習者を育成することが求められている。

（5）即興性

中学の目標では,即興性を重要な条件として挙げ,関心のある事柄であれば,即興で話したり,伝え合あったりできることを求めている。その際,生徒の多少の誤りやたどたどしさを教師が許容することも求めている点には注意が必要である。一方,中学での目標を受け高校では,支援のためのメモや原稿を暗記したり,そのまま読んだりするなど,即興性を損なうことのないようにしている。

2．その他の相違点

（1）支援方法

支援については高校の目標にのみ明記され,その方法は領域ごとに異なる。〔やり取り〕における具体的支援としては,①有用な語句や文の提示,②会話の展開の仕方や会話がうまく続けられないときの対処法の提示,③教員同士,生徒同士などによるモデルの提示,④他教科の授業などを通した学習において聞いたり読んだりしたことの活用などをあげている。

一方,〔発表〕における具体的支援としては,①有用な語句や文の提示,②発表する内容について小グループでの事前の話し合いや,発表のアウトライン等を書いたりするなどの時間の確保,③写真や映像,実物などの視覚的補助の活用,④ペアでの発表から小グループでの発表を経て,クラス全体での発表といったような段階的発表負担の軽減などをあげている。

（2）やり取りの継続

〔やり取り〕についての高校の目標では,「やりとりを続ける」ことが明記され,互いの考えや気持ちの伝え合いを自然に継続できることを求めている。このため高校では会話のきっかけを作って話を切り出す,会話の流れに応じて質問をする,会話の流れを変えることなどの指導が求められる。

（深澤　真）

Q6 中学校と高等学校の「書くこと」の目標の相違点を説明しなさい

『中学校学習指導要領(平成29年告示)解説　外国語編』と『高等学校学習指導要領（平成30年告示）解説　外国語編』を比較すると，中学校，高校ともに日常的な話題及び社会的な話題に対して事実や考え，気持ちなどを伝えるという点で，概ね目標が類似している。しかし，高校では (1) 文章構成と論理性，(2) 使用する語句や文の2つの点において，中学校と比べてより高度で発展的な文章を書くことが求められている。

1．文章構成と論理性について

高校では「段落」という言葉が多用されている。「英語コミュニケーションⅠ」及び「論理・表現Ⅰ」では1つの段落で，「英語コミュニケーションⅡ・Ⅲ」「論理表現Ⅱ・Ⅲ」では複数の段落で，論理構成や展開を工夫しながら書くことが明記されている。一方，中学校では「段落」という言葉は使われず，代わりに「まとまりのある文章」という言葉が用いられている。そして，「まとまりのある文章」とは「文と文の順序や相互の関連に注意を払い，全体として一貫性のある文章」である，と定義づけられている。

中学校，高校ともに，社会的な話題について，聞いたり読んだりしたことを基に自分の考えや気持ちを理由とともに伝えるというところまでは共通しているが，高校では説得力を持たせるために，理由と主張を結び付ける根拠，根拠を裏付ける具体例，他の意見や主張の比較などが情報の要素として追加されており，中学校よりも論理的で詳細に考えや気持ちを述べることが求められている。さらに，高校では異なる考えを持つ読み手を想定した上で，誰が見ても納得できるように，何をどのように書くべきかを考え，多面的・多角的に物事を捉えながら，情報に優先順位をつけ，必要な情報を選択し，自分の主張と結び付けて書くことも求められる。

以上を踏まえると，中学校から高校に上がるにつれて，書く分量を増やし

ていき，英語特有の論理展開を学びながら，パラグラフライティング，そしてエッセイライティングへと段階的に発展させる必要があると言える。

２．使用する語句や文について

中学校では書くことの目標の中で「簡単な語句や文を用いて」と記されているのに対して，高校の各科目の目標では段階的に，「基本的な語句や文」，「多様な語句や文」，「目的や場面，状況などに応じた多様な語句や文」と発展している。例えば，以下の4つの英文を比較してほしい。①から④に進むにつれて，形容詞goodの具体化，名詞placeの具体化，最上級を使って魅力を強調するなど，宮島がどのような場所であるか，イメージが具体化され，その魅力がより伝わりやすくなる。

①Miyajima is a good place.
②Miyajima is a popular sightseeing spot.
③Miyajima is an attractive World Heritage site.
④Miyajima is Japan's most attractive World Heritage site.

加えて，高校ではコンマ，コロン，セミコロン，ダッシュといった句読法が指導内容として新たに追加されている。句読法は，接続表現の代わりとしても用いられ，読み手に分かりやすい英文を書く上で必要な知識である。

以上のように，高校では場面や目的に応じてより良い表現方法を選び，効果的にメッセージを伝えることが大切である。

参考文献

文部科学省（2018）．『中学校学習指導要領（平成29年告示）解説 外国語編』東京：開隆堂出版.

文部科学省（2019）．『高等学校学習指導要領（平成30年告示）解説 外国語編英語編』東京：開隆堂出版.

（川野泰崇）

第2章　外国語教育の基礎知識・背景的知識

Q7 第二言語としての英語と外国語としての英語を説明しなさい

1.「第二言語としての英語（ESL）」と「外国語としての英語（EFL）」の定義

　日本では，病院で医者に症状を説明する，レストランで注文する，デパートで店員に違うサイズの服を出してもらうなど，生活に必要な会話の大部分を日本語で行っている。もちろん日本国内にも，英語で会議をする会社はあるし，大学や学校の構内で留学生と英語で会話する人もいるだろう。しかし原則として，日本での生活に必要な言語は日本語であり，英語は「外国語」と見なされる。つまり，日本の学校で学習するのは「外国語としての英語」で，これを専門用語では English as a foreign language（EFL）という。

　一方，アメリカやイギリス，オーストラリアやカナダなどの英語圏に住むと，生活する上で英語は必須となる。現地で学校に行ったり生活したりする上で必要な英語は「第二言語としての英語」で，これを English as a second language（ESL）と表す。英語を「第二言語（ESL）」と「外国語（EFL）」に二分することに反対を唱える研究者もいるし，人によっては英語が第三言語や第四言語になることもあるが，本節では日本における英語教育の特徴をわかりやすく理解するため，敢えて「第二言語」と「外国語」で比較する。

　同じ英語でも，「第二言語」の場合と「外国語」の場合では，習得過程や教授法に様々な違いがある。また，当然のことながら英語圏では，仕事や学業を遂行する上で高い英語熟達度が要求され，英語が十分に運用できないことで被る不利益は生活面でも大きい。英語圏で「第二言語」を前提に行われている指導法や教材は参考になるが，それらを日本に応用する際には，外国語として学ぶ学習者向けの工夫が必要であることを理解しなければならない。

2．ESL と EFL の間にはどのような違いがあるのか

　ESLと EFL には多くの違いがある。第一に，インプットとアウトプットの

量である。ESLの場合，学校外でも買い物やレストランなどで英語を使う機会が多いが，EFLの場合は授業時間外に意識して英語を使う時間を設けない限り，インプットもアウトプットも量が不足しがちである。ちなみに筆者の娘は米国生まれで，1歳から3歳直前まで現地の保育園に毎日通っていた。家庭言語は基本的に日本語のみであったが，ESL環境で1日8時間英語に浸っていた頃は，数を英語で数えたり，1文中に日英語を混じえて話したりしていた。帰国後は毎日45分間英語の活動がある幼稚園に通っているが，発する語はほぼ全て日本語になった。（日本語が上達したこともあり，決して悲観しているわけではない。）それだけESLとEFLの違いが大きいのだろう。

　第二に，学習者の多様性である。EFLでは学習者の母語は（一部を除き）同一だが，ESLの教室では母語の異なる学習者たちが集まる。アメリカ生まれでも，家庭言語が英語でないのでESLの受講対象になる場合もある。近年のESLでは，学習者の母語（家庭言語）使用を肯定的に見る傾向がある。

　最後に，英語を学ぶ目的や教授法も異なる。アメリカのESL教育では，PolatとCepikの論文にも紹介されている "sheltered instruction" や "sheltered instruction observation protocol (SIOP)" という指導法が多用されている。EFL環境では英語で発信される情報を正しく理解したり，自分の意図を英語で適切に発信できるようになることが主な目的となるが，ESL環境では，英語を通して数学や社会，理科などの知識を身につけること，つまり英語力と教科の知識，学術的なスキルを同時に伸ばすことが重要な目的となる。

　ESLの活動を何でもEFLに適用することは現実的でないが，EFLでの指針を決めるに当たっては，ESLの状況を踏まえておくことも重要である。

参考文献

Nayar, P. B.（1997）. ESL/EFL dichotomy today: Language politics or pragmatics? *TESOL Quarterly, 31*, 9-37.

Polat, N., & Cepik, S.（2015）. An exploratory factor analysis of the sheltered instruction observation protocol as an evaluation tool to measure teaching effectiveness. *TESOL Quarterly, 50*, 817-843.

（土方裕子）

Q8 CEFRとは何かを説明しなさい

1. CEFRとは何か

　CEFRとは，Common European Framework of Reference for Languages: Learning, teaching, assessment（外国語の学習，教授，評価のためのヨーロッパ共通参照枠）の略で，学習者の外国語の熟達度を明示的に記述し，どのレベルまで外国語を習得しているかを判断するための国際的な枠組みの1つである。CEFRの目的は，言語授業計画やカリキュラム，試験，教科書などの作成のための共通基盤を提供すること，学習者がコミュニケーションのために言語を使うには何を学ばねばならないのかを説明すること，学習者の進歩を測るための熟達度レベルを定義することなどである。CEFRの特徴として，全ての言語に共通して使用できる枠組みであること，外国語を使って学習者は何ができるのか，どの程度できるのかという観点から熟達度を判断する枠組みであること，学習者自身でも熟達度の判断が可能な枠組みであることなどが挙げられる。CEFRにおいて，学習者の熟達度を示す共通参照レベル（Common Reference Levels）は，能力記述文（descriptors）で構成される。

（1）能力記述文

　能力記述文（descriptors）とは，学習者の外国語の習熟度レベルを判定するために，外国語を使って「学習者は何ができるか」「どの程度上手にできるか」を明示的に記述した文のことである。能力記述文は，基本的に「〜することができる」という表現で記述され，一連の能力記述文により学習者の外国語熟達度を示す共通参照レベルが構成される。

（2）共通参照レベル

　CEFRでは，学習者の熟達度，または学習者にとって意味を持つ学習過程の区間を示す共通参照レベルを，A1からC2の6つに分けている（図2-8-1参照）。この6つのレベルは，まずA（基礎段階の言語使用者），B（自立した言語使用者），C（熟達した言語使用者）の3つのレベルに分類した上で，

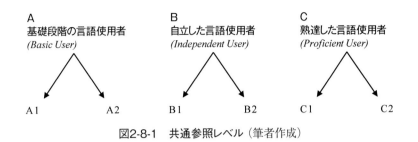

図2-8-1 共通参照レベル（筆者作成）

さらにそれぞれのレベルを高，低の2つに分けたものである。大まかに言うと，Aレベルは外国語の学習を始めたばかりの初学者から初級者のレベル，Bレベルは学習者が他の人の力を借りず外国語でコミュニケーションを行うことが可能なレベル，Cレベルは様々な種類の高度な内容についても円滑にコミュニケーションを行うことができる母語話者に近いレベルを指している。6つのレベルの詳細については，表2-8-1を参照されたい。

　CEFRの共通参照レベルでは，コミュニケーション活動を受容（reception），やり取り（interaction），産出（production）に分けている。共通参照レベル（自己評価表）では，「話すこと」を「やり取り」（spoken interaction）と「表現」（spoken presentation）とし，「聞くこと」，「読むこと」，「書くこと」と合わせて5つに分類している。

　また，共通参照レベルは枝分かれ方式を採用している。これにより，A2をさらにA2.1，A2.2の2つに分けるような，より柔軟で細やかな分類が可能となっている。日本では英語熟達度に特化した指標であるCEFR-Jが2013年に発表され，A1を3つのレベルに（A1-1, A1-2, A1-3），A2，B1，B2をそれぞれ2つのレベルに細分化するとともに，Pre A1を追加し，より詳細な分類としている。さらに2018年のCEFR Companion Volume with New Descriptorsでは，それまでのCEFRを基本としながらレベルの細分化と追加を行い，11レベルとなった。

　現在CEFRは，ヨーロッパをはじめ多くの国々で外国語教材，カリキュラム，試験などで外国語によるコミュニケーション能力のレベルを示す国際的

指標として活用されている。

表2-8-1 共通参照レベル：全体的な尺度

熟達した言語使用者	C2	聞いたり，読んだりしたほぼ全てのものを容易に理解することができる。 いろいろな話し言葉や書き言葉から得た情報をまとめ，根拠も論点も一貫した方法で再構成できる。自然に，流暢かつ正確に自己表現ができ，非常に複雑な状況でも細かい意味の違い，区別を表現できる。
	C1	いろいろな種類の高度な内容のかなり長いテクストを理解することができ，含意を把握できる。言葉を探しているという印象を与えずに，流暢に，また自然に表現ができる。 社会的，学問的，職業上の目的に応じた，柔軟な，しかも効果的な言葉遣いができる。 複雑な話題について明確で，しっかりとした構成の，詳細なテクストを作ることができる。その際テクストを構成する字句や接続表現，結果表現の用法をマスターしていることがうかがえる。
自立した言語使用者	B2	自分の専門分野の技術的な議論も含めて，抽象的かつ具体的な話題の複雑なテクストの主要な内容を理解できる。 お互いに緊張しないで母語話者とやり取りができるくらい流暢かつ自然である。 かなり広汎な範囲の話題について，明確で詳細なテクストを作ることができ，さまざまな選択肢について長所や短所を示しながら自己の視点を説明できる。
	B1	仕事，学校，娯楽で普段出会うような身近な話題について，標準的な話し方であれば主要点を理解できる。 その言葉が話されている地域を旅行しているときに起こりそうな，たいていの事態に対処することができる。 身近で個人的にも関心のある話題について，単純な方法で結びつけられた，脈絡のあるテクストを作ることができる。経験，出来事，夢，希望，野心を説明し，意見や計画の理由，説明を短く述べることができる。
基礎段階の言語使用者	A2	ごく基本的な個人的情報や家族情報，買い物，近所，仕事など，直接的関係がある領域に関する，よく使われる文や表現が理解できる。 簡単で日常的な範囲なら，身近で日常の事柄についての情報交換に応ずることができる。 自分の背景や身の回りの状況や，直接的な必要性のある領域の事柄を簡単な言葉で説明できる。
	A1	具体的な欲求を満足させるための，よく使われる日常的表現と基本的な言い回しは理解し，用いることもできる。 自分や他人を紹介することができ，どこに住んでいるか，誰と知り合いか，持ち物などの個人的情報について，質問をしたり，答えたりできる。 もし，相手がゆっくり，はっきりと話して，助け船を出してくれるなら簡単なやり取りをすることができる。

（出典：吉島・大橋他，2004）

2．日本の英語教育とCEFR

（1）学習指導要領

　外国語科の学習指導要領では，小学校から高校まで一貫した目標を達成するためにCEFRを参考にして目標が設定されている。話す技能は「やり取り」と「発表」の2つの領域に分けられ，目標設定は4技能5領域となった。また，学習指導要領に示されている言語活動についてもCEFRを参照して設定されている。さらに，文部科学省が中学生，高校生を対象に行う英語力調査もCEFRのレベルによって評価されるなど，目標設定から評価に至るまで日本の英語教育において重要な指標ということができる。

（2）授業との関係

　現在，中学校，高校にはCAN-DOリスト形式での学習到達目標の作成が求められている。これを作成する際，CEFRが参考となる。まず，CEFRでは能力記述文が「言語を使って何ができるか」という形式，つまりCAN-DOリストの形で書かれているので各校で作成する学習到達目標作成の参考にしやすい。また，CEFRを参考にすることにより，国際的な指標とのつながりを保ちながら校種や学年などの実状に合わせたより実用的，かつ具体的な学習到達目標を作成することが可能となる。こうして作られた目標は，年間学習計画（シラバス）や授業計画をとおして，指導や学習内容に具体的に反映されるとともに，目標の達成度を評価・検証することで教育の質の向上にもつながる。教育現場ではCEFRをよく知っておくとともに，機械的に取り入れるのではなく，実状に合わせながら活用していくことが求められる。

参考文献・URL

Council of Europe.（2001）. Common European framework of reference for languages: Learning, teaching, assessment. Retrieved from: https://rm.coe.int/1680459f97

吉島茂・大橋理枝他（訳・編）（2004）.『外国語教育Ⅱ―外国語の学習，教授，評価のためのヨーロッパ共通参照枠―』朝日出版.

（深澤　真）

Q9 第二言語習得（理論）と（言語）教授法の変遷を説明しなさい

1．言語はどのように習得されるのか──行動主義と生得主義

　ここでは，まず，人間がどのように言語を獲得するのかという問いについて言語習得研究で提案された2つの主要な考え方を紹介する。

（1）行動主義

　子どもが言語を身に付けていく過程を観察すると，周りから多くの言語刺激を受ける中で，模倣を通して言語を獲得していくことが分かる。行動主義では，言語習得は刺激と反応を繰り返し，習慣が形成されることで帰納的に学習が進むと考えている。この考え方を基に生まれた外国語教授法にオーディオリンガル・メソッド（またはオーラル・アプローチ）がある。図2-9-1に示したのは，パターンプラクティスという指導法の一例である。学習者は会話や文型を教師の模倣をしながら暗記し，繰り返し練習することで，その型の習得を目指す。

図2-9-1　パターンプラクティスの例
（出典：フリーの写真素材に筆者が英語の吹き出しを入れた）

　この教授法では，学習者の誤りは訂正されるべきものとみなされたことや，教師主導で学習者の自由な発話はほとんどなかったことなど，いくつかの問題点が指摘された。しかし，繰り返し練習することの重要性やスモールステップの原理（学習の目標や手順を細かく設定すること）など，現在でもその考え方の一端が指導に見られる。

（2）生得主義

　言語は複雑であるにもかかわらず，ほとんどの子どもは適切な環境が与えられればある一定の期間を経て言語（母語）を習得する。生得主義は，人類

の言語は構造上共通する普遍的原理を含んでおり，これを普遍文法（Universal Grammar; UG）と呼んだ。そして，人間には言語習得装置（Language Acquisition Device; LAD）が生得的に備わっており，例えば，日本語が使用されている環境では日本語が習得されるといったように，周囲の環境が引き金となり，個別の言語が習得されると考えた。

　この考えを第二言語に応用したナチュラル・アプローチでは，できる限り第一言語習得に近い自然な環境で第二言語を学ばせることを重視している。後述するインプット仮説はこのアプローチがベースとなっている。有名な教授法には全身反応法（Total Physical Response; TPR）がある（TPRの活動例は参考文献内に掲示したCambridge University Press ELTのURLから見ることができる）。

２．第二言語はどのように習得されるのか

　第一言語習得研究を基に第二言語習得研究が発展する中で，第三の考え方として認知主義が広がりをみせた。これは，第二言語習得は人間の認知プロセス（内的要因）と言語が習得される環境（外的要因）の相互作用によってなされるというものである。

　図2-9-2に示したように，学習者が第二言語を学習する際には，まず，その言語を聞いたり読んだりして，インプットを得る。そして，その反応として，話したり書いたりといったアウトプットをする。しかし，インプットしたこと全てをアウトプットできるようになるわけではなく，そのインプットをインテイクする（自分の中に取り込む）ことで初めてアウトプットできるようになる。インテイクが起きるには，学習者自身がインプットから何らかの気づきや理解を得て，学習者自身の中に確立しつつある中間言語と呼ばれる第二言語体系の中にそれを統合す

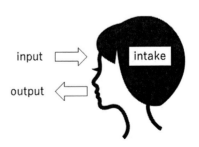

図2-9-2　言語プロセス
（筆者作成）

31

る必要がある。そこで，どのようなインプットを与えればインテイクが促されるのか，インプットの量や質，インプットとアウトプットが第二言語習得に果たす役割が検討された。以下は，インプットとアウトプットに関する代表的な仮説である。

（1）インプット仮説

　言語の習得が促されるには，学習者にとって簡単すぎず，難しすぎず，自力で理解できるインプットが必要である。これは，「理解可能なインプット」と呼ばれ，学習者の言語レベル (i) より少し高いレベル (+1) のインプットであるとして，「i+1」と表現される。インプット仮説では，学習者はこの理解可能なインプットに大量に触れるうちに自然にアウトプットできるようになると考えられている。

（2）インタラクション仮説

　この仮説では，インプットが理解可能になるためにはインタラクション（やり取り）が重要であると主張した。学習者は，他者（例えば，教師やネイティブスピーカー，仲間）との意味のやり取りを通して，理解を確認したり，繰り返したり，言い直したりといった，ただインプットを受けるだけでは得られない様々なフィードバックを得る。これにより言語の発達が促されるようになる。

（3）アウトプット仮説

　この仮説では，第二言語の習得には理解可能なインプットを大量に受けることが必要であると認めつつ，アウトプットの重要性を指摘した。これは，アウトプットを通して学習者は自分にできることとできないことのギャップに気づくことができ，それによって第二言語の学習が進むと考えているためである。

　以上のように，これまでの第二言語習得研究から，第二言語を習得するには，大量の理解できるインプットと他者とのインタラクションを含んだアウトプットの機会が必要であることが明らかにされてきた。

3．文法重視からコミュニケーション重視へ

　日本では長らく文法訳読法が授業の中で用いられてきた。文法訳読法は行動主義や生得主義よりも古い歴史があり，外国語で書かれた書物を読むことに主な目的があった。しかし，周知のように，現在，日本では外国語を学ぶ目的としてコミュニケーションが重視されており，コミュニカティブ・アプローチが採られるようになっている。

　日本のように学校で英語に触れることはあっても，実生活の中で英語を使用する必要性に迫られにくい環境では，インプット，インタラクション，アウトプットという第二言語習得に欠かせない要素が圧倒的に不足している。そこで，指導の際には，なるべく現実に近い場面を設定し，言語を使ったコミュニケーションの必然性を高め，目的を達成させるといった方法で総合的なコミュニケーション能力の育成を目指している。これは「教室内第二言語習得」と呼ばれる研究分野で，「タスク中心言語教育（Task-based Language Teaching; TBLT）」や「内容言語統合型学習（Content and Language Integrated Learning; CLIL）」といった教授法が提案され，現在の日本でも積極的に取り組まれている。詳細は次のQ10を参照してほしい。

参考文献・URL

馬場今日子・新多了（2016）.『はじめての第二言語習得論講義──英語学習への複眼的アプローチ』東京：大修館書店.

Cambridge University Press ELT.（2010, 8, 17）. Total Physical Response (TPR) - Teacher Training film no. 8. Retrieved from https://www.youtube.com/watch?time_continue=46&v=bkMQXFOqyQA&feature=emb_title

Lightbrown, P. M., & Spada, N..（2013）. *How languages are learned (4th edition)*. Oxford University Press.（パッツィ・M. ライトバウン＆ニーナ・スパダ. 白井恭弘・岡田雅子（訳）（2014）.『言語はどのように学ばれるか──外国語学習・教育に生かす第二言語習得論』岩波書店.）

（清水　遥）

Q 10　教室内第二言語習得とは何かを説明しなさい

1．教室内第二言語習得研究の目的

　第二言語習得研究は，応用言語学（applied linguistics）研究の一分野であり，第一言語（母語）を習得した後に学習者がどのように第二言語（外国語を含む二番目以降の言語）を習得するか記述，説明する分野である。近年，第二言語（外国語）教育研究の焦点は，教師によるどのような指導が効果的かを考えようとする指導中心の観点から，学習者はどのように第二言語を身につけていくのか，効果的な学習（習得）が起こるプロセスを解明しようとする学習中心の観点へと移行しつつある。第二言語習得研究の中で，習得環境のうち，特に教室のようなフォーマルな環境での習得のプロセスに光を当てようとするのが教室内第二言語習得（Instructed second language acquisition）の研究である。どのような指導方法や取り組みによってもっとも効果的な指導の結果が得られるかデータをもとに実証的に明らかにしようとする分野であり，学習者一人ひとりの個人差に注目しながら理論と実践を融合しようとする試みとして注目を浴びている。

　これまでの研究からわかってきた第二言語習得に成功するために必要な条件とは，次のような学習者の特徴である（白井，2012, p. 14）。

　①若い　　　　　　　　②母語が学習対象言語に似ている

　③外国語学習適性が高い　④動機づけが強い　⑤学習法が効果的である

　白井（2012）によれば，上の5つの中で，私たち（教師と学習者）が変えることができるのは④学習動機と⑤学習法，だけであるという。日本の場合，①～③に加えて，クラスサイズや学習開始年齢などは，教師や学習者が個人として変えることができないものであろう。以下では，教室内第二言語習得にかかわる環境要因としての教室について考えてみたい。

2．第二言語習得環境の違い

日本人のように外国語としての英語を学ぶ学習者にとって，多くの場合，

英語にふれることのできる唯一の環境は教室であり，身近な場面で英語を聞いたり，読んだりして英語による十分なインプットを得ることは極めて難しい。教室内第二言語習得とは，主に教師から教授される(instructed)ことを通して行われるものである。これに対して，母語話者が毎日経験するような自然な(naturalistic)環境での第二言語習得が行われることもある。以下では，自然な習得と教室内での習得とを対比しながら，その特徴を検討する。

（1）自然環境での第二言語習得

　自然環境での第二言語習得とは，すでに母語（第一言語）を使える学習者が，例えば英語が日常用いられている環境（第二言語としての英語）で英語を身に付けることである。このような環境の特徴は，まず，常時，豊かな言語インプットにふれることができる点である。豊かなインプットとは，自然な場面が伴った意味のある言語使用例が質・量ともに十分得られることである。ただし，インプットが習得において重要であることは間違いないが，理解できない部分が多い場合，豊かなインプットのみでは習得過程の途中で挫折してしまうこともある。また，自然な環境での習得では，インプットの機会とともに，習得した英語を実際に使う，アウトプットの機会が多いこともその特徴である。学習したばかりの単語や文法・表現に別の状況でふれたり，実際に使ってみたりすることを通して，次第に学習事項の記憶が強化され，自分の英語力の問題点に気づきながら訂正を繰り返すことで自信を持って使えるようになってくる。そして，繰り返し使用するうちに，あまり考えずに正確にできる段階に至ることを自動化(automatization)と呼ぶ。一定期間の留学においても，滞在してしばらくすると，自分の中で意識せずに使えるようになり英語のスキルの伸びが実感される時期が来るとされている。

（2）教室環境での第二言語習得

　教室環境における第二言語習得には，教室という一斉授業場面で，一定人数の学習者が同じ教材を用いて英語に接して，教師から説明を受け，練習することを通して行われ，教室言語としては目標言語とともに教師と学習者の共通言語である母語を随所に使用しながら行われるところに特徴がある。限られた学習時間と質・量ともに十分とは言えないインプット環境のもとで学

習した結果，なかなか十分なコミュニケーション能力を得ることに至らないことが多い。これに対して，近年，英語の授業を英語で行ったり，各教科をすべて英語で教える取り組みがなされたりしていることは，英語にふれる環境を最適化して，習得環境をできるだけ自然環境に近づけようとする試みと言えるであろう。また，制限された言語材料をもとに作成された検定英語教科書だけを教材とするのに加えて，映画や各種英語番組，インターネット上での英語による情報検索などを通して，教室環境の不十分さを補完することは十分に可能であろう。

３．教室内第二言語習得の効果

　教室内第二言語習得において，英語に接する機会の不十分さが主に指摘されるが，それに対して自然環境か教室環境かにかかわらず，習得の順序は変わらないという研究もある。では，教室内習得にはどのようなメリット及びデメリットがあるのだろうか。

（1）プラスの効果

　これまでの研究によれば，教室での意識的な指導のメリットとして，指導は習得の速度を速め，指導を受けた学習者は指導を受けなかった学習者に比べて，進み具合がよくなるという。さらに，指導によって最終的な到達度がより高いレベルになり，発達段階の途中で停滞してしまう化石化（fossilization）を回避できるという（Loewen, 2015）。このことは，自然環境での第二言語習得の絶対的な優位に疑問を投げかけるものであろう。

　ほかにも，授業で教わったことでその後のインプットが理解できるようになったり，アウトプットに使えるようになったりする例を和泉（2016）が挙げている。ある高校生が，授業でShe wants to go shopping. と She wants me to go shopping. という例文から「want+人+to動詞の原形」という文法事項を学び，すぐには使いこなせなかったが，大学入学後にアメリカに留学した際，Do you want me to open the window? を聞いて，高校時代の学習を思い出し，自分もその表現を使えるようになったという。このことから，概念的に理解するだけでは教室での指導はただの理屈としての「静的な知識」で終わってし

まうが，意味のあるインプットの中で既習の表現に気づき，自ら使うことで「動的な知識」へと変わったと言えよう。授業での明示的な指導が気づきの促進につながったプラスの効果であろう。

（2）マイナスの効果

教室指導が時にマイナスに働く例もある。和泉（2016）によれば，文法の積み重ね学習のみや正確さばかりを追い求めた形式中心主義の授業では，教わったことが気づきを阻害してしまうことがあるという。例えば，次のような例文で「時制の一致」を学習したとする。

　　＜直接話法＞　Bob said, "I'm innocent."

→＜間接話法＞　Bob said that he was innocent.

ところが，自然なインプットでBob said he is innocent. 「Bobは今も自分は無実だと信じている」という教室指導ではあまり見かけない表現にふれることがある。その際，「英語はこうあるべき」という思い込みから誤りに気づかなかったり，英語母語話者は文法に弱い，と片付けられたりすることもある。これは，伝えたい意味を考慮せず，時制の一致などの文法規則を機械的かつに表面的に当てはめようとしたために起こったものである。

このように，教室内第二言語習得は，指導内容，指導方法，指導のタイミングとも大きく関係しており，それらは習得プロセスにも大きな影響を与えると言えるであろう。

参考文献

Ellis, R.（1990）. *Instructed second language acquisition*. Oxford: Blackwell.

和泉伸一（2016）.『第2言語習得と母語習得から「言葉の学び」を考える』東京：アルク.

Loewen, S.（2015）. *Introduction to instructed second language acquisition*. Routledge.

白井恭弘（2012）.『英語教師のための第二言語習得論入門』東京：大修館書店.

（深澤清治）

Q 11 学習者の個人差要因（individual difference）とは何かを説明しなさい

　言語学習の成否には，学習開始年齢，指導法，教材，学習環境など，さまざまな要因が影響を与える。しかし，同じ教材や指導法を使って，同じ年齢の学習者を指導しても，学びにおけるクラスの雰囲気や学習成果が異なることは，多くの教師の経験するところであろう。その差異が生じる要因のひとつが，学習者の個人差要因である。個人差要因にはさまざまなものがあるが，音声認識力，言語分析力，記憶力などの側面から言語習得の容易さを予測する「言語適性」のように変えることができないものがある。一方，「学習方略」，「動機づけ」，学習全般に対して学習者が持つ「ビリーフ（信条）」のように，学習経験や環境によって変化するものがある。例えば，分からない表現があるときに，正確でなくとも意味を推測すれば良いというビリーフを持つ学習者は，推論方略を使うといったように，個人差要因が相互に作用し，言語習得に複雑な影響を与える。以下では，学習方略と動機づけを詳しく説明する。

1．学習方略（language learning strategies）

　Oxford（2017）は，学習方略を「具体的な状況の中で目的に到達するために，学習者が意識的に選択し使用する思考や行動」と定義し，情報の取得や記憶，その情報の検索や利用を補助する役割があると述べている。学習者は，言語を実際に使用するときに，目的に応じて方略を取捨選択するが，それには動機づけ，課題の内容，教師－学習者間や学習者同士の関係など，さまざまな要因が交錯する。以下に，方略の分類方法のひとつとして，学習者自身が自律的に学習に取り組むための自己調整学習方略を挙げる。

①メタ認知方略：認知活動をモニター（計画・評価）し調整を行う
　　（例：すでに知っていることと新しい知識との関係を考える）

②認知方略：学習（認識，保持，記憶，検索など）のための認知を行う

　（例：英単語を覚えるためにイメージを思い描く）

③メタ情意方略：情意・動機づけ・態度を自らモニターし調整を行う

　（例：英語学習や使用の際に，自分自身が緊張していることに気づく）

④社会方略：社会的・文化的な対話場面において方略をメタ認知する

　（例：発話力向上のために他の学習者と英語で会話をする）

⑤補償方略：他の学習者や母語話者との対話の際に足りない表現力を補う

　（例：会話中に適切な単語を思いつかないときジェスチャーを使う）

　優れた学習者は，学習方略を上手に組み合わせ，問題解決に向けて効果的に使用している。特に，間違いを恐れず，コミュニケーションや学びの機会を得ることに積極的であり，言語形式（文法や語順）と意味（伝える内容や意図）の両方に注目し，自己や対話相手の発言をモニターしている。一方，不得手な学習者は，課題遂行と方略使用との間に規則性がなく，場当たり的に方略を使用する。学習方略は教授可能であることから，学習者の熟達度に応じた明示的な指導が，有効な方略使用に結び付くであろう。

2．動機づけ（motivation）

　動機づけとは，行動（情動）を開始し，方向づけ，持続し，調整する目標志向型のプロセスである。動機づけの分類で，必ず取り上げられるのが，内発的・外発的動機づけである。内発的動機づけは，学習自体が楽しいというように，活動自体に目的（やりがい）がある状態を指す。一方，外発的動機づけは，英語力向上が受験に有利なので学習するといった，活動の外に目的がある状態である。

　RyanとDeciという研究者らは，複数のミニ理論をもとに自己決定理論（Self Determination Theory: SDT）を提唱した。図2-11-1はミニ理論の1つ，有機的統合理論のモデルである（Ryan & Deci, 2017）。

　この理論の特徴の1つは，動機づけを，自律性（自らの行動を自己決定したい），有能性（自己の能力や才能を示したい），関係性（他者と良い関係で

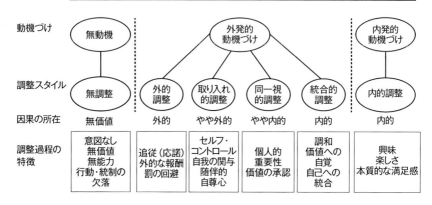

図2-11-1　有機的統合理論に基づく動機づけ（出典:Ryan & Deci, 2017）

いたい）という3つの基本的心理欲求の影響を受けるものとして捉える点である。もう1つの特徴は，外発的動機づけを，以下の①から④に挙げる，非自己決定的なものから自己決定的なものまでの連続体として捉える点である。

①外的調整：学習に価値を認めていないが，強制されて行動している（例：親に言われて仕方なく，英語の単位を得るため）
②取り入れ的調整：自己の価値観として取り入れつつあるが，まだ義務感から行動している（例：友人にばかにされたくない）
③同一視的調整：自己にとっての重要性を認識し，積極的な学習へと変化している（例：英語は将来必要だから）
④統合的調整：自己の持つ価値観や欲求と学習価値が調和し，他の行動にに優先して学習する（例：英語学習に違和感を持たない状態）

動機づけの「分類」をベースとした研究では，これまで，A「教授法」がB「学習者の動機づけ」に及ぼす影響といった，線形（A→B）の関係を検

証してきた。しかし，先述したように，同じ教授法を用いても動機づけが異なることが一般的に起こり得る。そこで近年では，さまざまな要因に影響を受けて複雑に変化するものとして動機づけを捉え，動機づけがいかに発生・変化（減退・発達）・収束するかに焦点を当てた研究がおこなわれている。

　Dörnyei（2005）は，理想自己（Ideal L2 self），義務自己（Ought-to L2 self），学習経験の3要素が動機づけに影響するL2セルフシステム（L2 Motivational Self System）を提唱し，学習者は，理想自己と現実とのギャップを埋めるために動機づけられるとした。理想自己の維持には，（1）それが詳細でいきいきしており，（2）その理想が実現可能で，周囲の期待や自分が置かれている状況と調和し，（3）定期的に活性化されること，また，（4）それに近づくための道筋と方略をともなうことが必要だとしている。

　また，理想自己を持つ学習者の国際的志向性が高い場合，コミュニケーションに対する意欲（Willingness to Communicate：WTC）が高まる。国際的志向性とは，①異文化を受け入れる傾向，②異なる文化的背景を持つ人々と関わりを持とうとする傾向，③国際的な職業や活動への関心，④海外への出来事への関心の度合い，によって測られる。

　以上に挙げた学習方略も，動機づけも，個人差要因であるが，その変化には外的な要因が複雑に関与している。そのため長い時間軸の中で，個人差要因の変化を，環境や学習者間の相互作用などとの関係から，多角的に捉えるべきであろう。

参考文献

Dörnyei, Z.（2005）. *The psychology of the language learner: Individual differences in second language acquisition.* Mahwah, NJ: Erlbaum.

Oxford, R. L.（2017）. *Teaching and researching language learning strategies: Self-regulation in context. 2nd Edition.* New York: Routledge.

Ryan, R. M., & Deci, E. L.（2017）. *Self-determination theory: Basic psychological needs in motivation, development and wellness.* New York: The Guilford Press.

（中川知佳子）

第３章　英語科の内容と指導

1．音声テクストの難しさ

　母語の習得や子どもの外国語学習活動は聞くことから始まる。最も初歩の
ステージで学ぶ技能であるのに，いつまでも難しさを感じるのはなぜであろ
うか。音声テクストの難易度を左右する要因は大きく分けて以下の5つであ
る（Buck, 2001）。教材研究をするうえで，この5要因のレベルが高いと判断
されれば，生徒のつまずきが予測でき，必要な支援を見出すことができよう。
　①言語の特徴：　語彙の難易度，文法の複雑さ，話す速さ，ポーズの有無等
　②明示性：　　　明示的に述べられている概念，冗長性等
　③構成：　　　　時間軸に沿った構成，具体例に先立つポイントの提示等
　④内容：　　　　トピックの親和性，登場人物等の見分けやすさ・関係性等
　⑤コンテクスト：視覚的補助の有無
　ただし，示された例の多くは，音声言語と文字言語両方の難しさに共通す
る特徴であることに気がつくであろう。それでは，音声言語と文字言語には
どのような違いがあるのか。最大の違いは操作可能性であると言える。
　多くのリスニング場面においては，巻き戻し，一時停止といった操作が叶
わない。また，文字とは異なり，テクストがその場に残らないという不可逆
性があることも，聞き手がテクストを操作不可能な状況たらしめている。そ
のため，上記5要因に示される難しさを克服するために，調べる，じっくり
考えるといった十分な時間が与えられない。この特徴が，音声言語の理解を
困難にする1つの大きな理由となっている。

2．音声言語の理解に必要な力

　人が音声言語を理解する際には，図3-12-1の上から下に向かう矢印で示さ
れるトップ・ダウン方向の処理と，下から上に向かうボトム・アップ方向の処

理が同時進行で行われている。それぞれの処理を完全に切り離して考えることはできないが，音声言語が理解できなかった原因がどこにあるのか分析することは有効である。リスニングが苦手な人には，音声を聞き逃すという図(a) 段階のつまずきが見られる。一瞬聞き逃すと，その後は聞くことをあきらめてしまう人も少なくないようだ。一方でリスニングが得意な人がつまずくのは図 (d) 段階で，聞き取りはできてもその意図されていることが文脈の中で理解できないというものである。最終的に目指される力は総合的なリスニング能力であるが，内容理解の活動に終始すると「何となくわかったつもりの理解」にとどまる可能性がある。つまずきの原因を克服するために必要な，音声の聞き取りや背景情報等の理解にも時間を割いて練習するようにすべきであろう。現実世界のリスニングでは「じっくり聞く時間がない」からこそ，練習場面では「繰り返し」，「じっくり理解」の時間も取り入れたい。

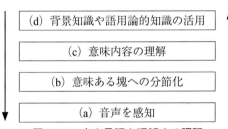

図3-12-1 音声言語を理解する課程

(筆者作成)

参考文献

Brown, G., & Yule, G. (1983). *Teaching the spoken language*. New York, NY: Cambridge University Press.

Buck, G. (2001). *Assessing listening*. Cambridge University Press.

Goh, C. (2000). A cognitive perspective on language learners' listening comprehension problems. *System, 28(1)*, 55-75.

Rost, M. (2011). *Teaching and researching listening* (2nd ed.). Edinburgh, UK: Pearson Education.

Vandergrift, L., & Goh, C. (2012). *Teaching and learning second language listening: Metacognition in action*. New York, NY: Routledge.

(山内優佳)

リスニングの活動には，どのようなものが
　　　　あるかを説明しなさい

1．どのような場面でリスニングが必要か

　言語が使用される場面やジャンルによって言語使用の目的や効果的な方略
が多様であることはリスニングに限ったことではないが，聞き手による操作
可能性が低いことから，場面を把握することは聞くことを能動的にする最初
のステップともいえよう。2017（平成29）年改訂学習指導要領において，
話すことの目標は発表とやり取りの2種類に分けられたように，聞くことに
おいても音声が単一方向的な場面と双方向的な場面，そしてそれらの中間地
点を想定することができる（表3-13-1）。

表3-13-1　リスニング場面の類型

タイプ	機能	聞き手の役割	具体例
単一方向	情報伝達	やり取りの可能性がない	ラジオ，テレビなど
		質問や介入の機会がある	授業，プレゼンなど
		話に入ることが可能	集団内の1人が主な話し手
双方向	やり取り	話し手と聞き手は対等	2人での会話

（筆者作成）

2．単一方向のリスニング場面

　情報伝達の機能が重視される単一方向のリスニング場面では，多くの場合
必要な情報を正確に聞き理解することが求められる。「リスニング」は「聴
解」と訳されることがあるように，理解する段階を含む概念であると言え
る。いわゆるリスニング活動は，1つの音を聞き取る活動も含まれるが，こ
こではできるだけ実生活のリスニングにも応用できるよう，まとまりのある
文章を教材として内容理解につながるような活動を提示したい。

（1）単語カードでお話かるた

　指導者は準備として，まとまりのある文章の中からキーワードをいくつか取り上げ単語カードを作成する。生徒はグループで1セットのカードを机に並べ，まとまりのある文章を聞きながら，かるたの形式で聞こえた単語のカードを取っていく。単語をカードで選択するため，ディクテーション形式ではつづりが書けない生徒にとっても参加しやすい活動となる。音変化が生じる語をキーワードに含めたり，発音が似た単語カードを混ぜたりすることにより難易度を高めることができる。集めた単語カードをもとに概要を説明するような話す・書く活動につなげることも可能である。

（2）予想しよう

　写真（や実物など）を提示する。指導者が写真について英語で説明する前に，生徒は（1人，ペア，グループ等で）どんなことが話されるのかを予想し，内容理解につながるような質問を事前にいくつか設定し，ノートやワークシートに記入する。説明の中に答えがあれば，聞きながら答えを書き込む。答えが出てこなければ，最後に口頭でQuestion and Answerの活動を行う。

（3）全部覚えてね

　まとまりのある文章を用意し，必要に応じて事前に重要な語彙を導入する。音声を流し（指導者が読み上げ），できるだけ多くの情報を覚えるように指示する。メモを取らせる必要はなく，むしろ音声に注目させたい（が，ノートテイキングの練習活動として導入しても良いであろう）。すべてを聞いた後，内容理解の質問をワークシートで配布し，解答を促す。もう一度音声を流したり，ペアやグループで相談をさせたりしても良い。

　教育上は，音声を聞く前に聞くべきポイントを提示する必要があろう。しかし内容理解の質問が常に事前に提示されていては，事前の質問なしには理解できない聞き手に育ちかねない。上級学年を対象とする場合には，この活動が「知らない情報が話されるようなテレビや授業といった場面で，ポイントを抑えながら理解する実践的な活動」であることを生徒にも伝え，可能であれば，聞いた内容について自ら疑問点を挙げさせるといった活動にも発展させたい。

3．双方向のリスニング場面

　表3-13-1にも示したように，双方向のリスニング場面はやり取りの機能を有する。単なる情報伝達が目的ではないということは，音声言語を聞いて理解する以上の役割が聞き手にも求められる。意味理解が相互の協力によって行われるような活動を導入することで，双方向のリスニング場面においても能動的に聞く力を育成したい。やり取りを想定した聞き手の育成は，学習機会の増加につながり，教室外においても学びの場が広がることが期待される。

（1）ペアで協力！　間違い探し

　ペアで異なるイラストや写真（数ヶ所に変化を設ける，シールを貼り付けて隠す等）を用意する。完全版のイラストを持つ生徒は物がある場所，時間等を英語で説明し，聞き手はそれを繰り返しながら，完全版に近づけるよう手持ちのイラストに描き込みをする。聞いて理解できた語や表現を繰り返すことは，日常会話でも自分の理解を確認することにつながる。完全な文を繰り返さなくても，意味内容に関わる箇所を繰り返したり（e.g., *In the morning? / Play soccer?*），話し手の発話の継続を促すような相づちの表現を用いたりするのも良い（e.g., *Oh. / Uh-huh. / Right.*）。ただし，日本人は欧米人に比べ相づちが多すぎる特徴があり，そのため話の内容に興味がないという印象を与える可能性があることには注意も必要である。

（2）ちょっと待って！

　指導者が教科書本文や短い絵本などを読み上げる，もしくはそれらの付属CD等を流す際に，意図的に聞き取りにくい状況を設定したり（音量を下げる，スピードを上げる，雑音を出す），理解できない語を含めたりすることで，不明な点を確認する表現を練習する。モバイル端末に音声を録音して生徒に渡すことでペアやグループ単位での活動も可能である。

①話し手に繰り返しを依頼する表現の例

Pardon? / Excuse me? / Could you slow down? /I'm not sure what you mean.

②理解できなかった特定の箇所を聞き返す表現の例

Where? / He ate what? / Is that dinner? / Is it in the box?

４．授業へリスニング活動を導入する際のポイント

　これまで述べたリスニング活動の例は，様々な教材に応用可能である。教材の難易度，課題や活動の難易度，スクリプトの有無といった組み合わせで多様性をもたせつつ，1つの教材を何度も聞かせ，スモール・ステップで理解へとつなげたい。また，授業という短時間で英語学習が完結することはない。授業におけるリスニング指導の最大の目標は（特に上級学年を対象にした場合），指導者の手を離れた学びにおいても学び続けられる生徒を育てることと言っても過言ではない。リスニング活動導入時には，授業での学びを自学自習にも活かせられるよう how to listen を意識した指導をする必要がある。そのために，いかなる活動においてもメタ認知を働かせた学びの段階を設定したい。聞く目的を明らかにして注意して聞く箇所を明確化する「計画」，聞きながら理解や注意の方向性を修正する「モニタリング」，最終的な理解の確認を行う「評価」である。ここで紹介した活動はボトム・アップ的な力の育成を想定したものが主であるが，メタ認知を働かせる段階においては背景知識を働かせるなど，トップ・ダウン的な聞き方も促すようにしたい。

参考文献

Cutrone, P.（2005）. A case study examining backchannels in conversations between Japanese-British dyads. *Mulitilingua, 24(3)*, 237-274.

Lynch, T., & Mendelsohn, D.（2010）. Listening. In N. Schmitt (Ed.), *An introduction to applied linguistics* (2nd ed., pp. 180-196). Oxon, UK: Hodder & Stoughton.

Rost, M., & Wilson, J. J.（2013）. *Active listening.* Edinburgh, UK: Pearson Education.

Vandergrift, L.（1997）. The comprehension strategies of second language (French) listeners: A descriptive study. *Foreign Language Annals, 30(3)*, 387-409.

Vandergrift, L.（2004）. Listening to learn or learning to listen? *Annual Review of Applied Linguistics, 24(1)*, 3-25.　　　　　　　　　（山内優佳）

Q 14 リスニング指導のポイントと留意点を説明しなさい

リスニング指導で重要なこと

リスニングに苦手意識を持つ生徒の立場で言えば，一生懸命に理解しようと思っても，情報が次から次へ押し寄せて来て，整理ができないまま頭の中でどんどん増えていき，ついには心が折れてしまうといった状況であろう。また，教師の立場で言えば，単語や英文を繰り返し発音や音読させても，成果が出ないことにどうしてよいかわからないといった状況であろう。

（1）リスニングとは？

リスニングをするためには「英語の音を聞き取る力と聞き取った英語の単語や文法を理解できる力」が必要である。授業で新出単語の発音練習をしたり，本文を音読させたりするときに，間違った発音をする生徒がいる。そのような場面で，正しい指導をしないままやり過ごしてしまうとリスニングの力を付けることは難しくなる。

（2）英語の「音」について

私たちの脳は，知らない音を知っている音に置き換え，全く異なる単語として理解することはよく知られている。素敵なカバンを持っている人がbag [bæg] と bug [bʌg] の発音を聞き間違えて困惑してしまうことも……。

①日本語にない母音と子音

英語の母音と子音は，それぞれ20種類以上あるが，特に日本語にない母音［æ］［ə］［u］と子音［l］［r］［f］［v］［b］［θ］［ð］は，日本語の音に置き換えることがないように繰り返し指導の必要がある。

②音変化の法則

以下の音変化の知識は，リスニングのストレスを解消することになる。

　（ア）弱化（reduction）例）meet you → meechya（音が弱くなる）

　（イ）短縮（contraction）例）I will → I'll（音が短くなる）

（ウ）連結（liaison/linking）例）in a minute → inaminute（音がつながる）

（エ）消失（elision）例）basketball → baske'ball（音が消える）

（オ）脱落（deletion）例）take care → ta" care（音が抜け落ちる）

（カ）同化（assimilation）例）want to → wanna（似た音になる）

③プロソディー（Prosody）

英語には，日本語にない音声面の特徴（プロソディー）がある。プロソディーには，イントネーション，アクセント，リズム，間（ポーズ），音素などが含まれる。映画俳優のセリフを真似したり，英語の歌を使ったりして，生徒に興味・関心を持たせながら自然に身に付く指導の工夫が必要である。

（3）リスニング指導の順番

指導の順番としては，①短音の発音→②音の変化→③プロソディーが良いとされるが，授業では，生徒の特性を踏まえて，日々扱う教材を用いながら，「音」に対して興味・関心を失わないように取り入れることが大切である。

（4）語彙や英文法について

リスニングに語彙や英文法の知識は必要である。EFL（English as a Foreign Language）環境下にいる生徒にとっては少なからず理解の助けとなる。脳は「音」と同じように，知らない語彙は知っている語彙に置き換えてしまう。正しい「音」で覚えることが重要であることは言うまでもない。

英文法については，動詞・名詞・形容詞・副詞・接続詞・前置詞・関係代名詞・不定詞・動名詞と現在分詞・過去分詞の知識が重要である。それぞれの働きを知っておくことは，情報を正確に理解する助けとなる。

参考文献

藤田英時（2011）.『Google 英語勉強法』東京：日本実業出版社.

松澤喜好（2004）.『英語耳　発音ができるとリスニングができる』東京：アスキー.

卯城祐司（2014）.『英語教育学の今―理論と実践の統合―』全国英語教育学会第40回研究大会記念特別誌編集委員会（編集）第2章，040-063，第3章，066-073.　　　　　　　　　　　（池岡　慎）

Q 15 英文を聞く前，聞いた後に行いたい活動を説明しなさい

1．英文を聞く前に行いたい活動とは？

　英語の授業は英語で行うことが基本である。それを実現するためには，まず生徒の積極的に「英文を聞く」態度を養うことが大切になる。

　①4月の授業開き

　授業を英語で行うのは新学期がチャンスである。突然目の前の先生が英語を使い始めても，生徒には受け入れがたいものだ。

　②英語の「歌」で雰囲気づくり

　学習している文法や語彙を含んだ「歌」を利用することは，英語でのやりとりを行う雰囲気を創り出す効果がある。さらに，プロソディーに興味・関心をもたせ，繰り返し行うことによって「聞き取りにくい音」が自然と身に付くことが期待できる。「歌」の導入に関しては，教師だけではなく，生徒からのリクエスト曲を使うことも大切だ。

　③Small Talk の活用

　前時の復習のために教科書の本文をそのまま使うことは，覚えていることを確認しているに過ぎない。リスニングの力をつけるためには，パラフレーズや要約した英文をできるだけナチュラルスピードで活用することが大切である。このことは，リスニングだけでなく，教師がスピーキングのロール・モデルとなり効果的である。さらに，学習内容と関連した別の話題やテーマを用いれば発展的な学習にもなる。

　④リスニング教材の確保

　ALTといつも授業ができる環境でない場合は，Small Talk など短い英文をALTに録音してもらい保存しておく。英文のスピードは，音声編集ソフトを利用して調整する。

　⑤新出単語の発音と意味の確認

　新しい教材を導入するとき，新出単語の発音と意味の確認は大切である。

同時に，既習語彙ではあるが，聞き取りにくい「音」や意味だと判断できるものも，確認することで生徒の積極的に聞こうとする態度を促すことになる。さらに，その単語に日本語にない音が出てくるようであれば，その音をハイライトさせ練習しておくことも大切だ。なお，インターネットで「英語の発音練習」等で検索をすれば簡単に確認・練習ができる。

⑥目的に応じたタスクの準備

「聞くこと」の言語活動のポイントは以下の4つである。英文を聞かせる前には，それぞれのポイントを踏まえた言語材料の準備が必要となる。

（ア）話し手が相手に伝えたいことを理解すること

　　　例）あるテーマをもとにしたまとまりのある発話

（イ）必要な情報を中心に聞き，何が述べられているかを理解すること

　　　例）天気予報や飛行場などのアナウンス

（ウ）メッセージを聞き，適切な応答を相手に返すこと

　　　例）簡単な依頼（箸の使い方など）や近くの店の情報などへの応答

（エ）内容について説明したり話し合ったり，意見交換を行ったりすること

　　　例）日常的な話題（SNSの使い方など）や社会的な話題（フードロスなど）

⑦聞き返し表現を教える

日常生活では，場面に応じて聞こえてくる情報は1度きりのものもあれば繰り返し聞くことのできるものもある。また，聞き返すことができる場面もある。"Pardon? / Could you repeat that again?" などの聞き返しの表現を教えることも大切である。

2．英文を聞いた後に行いたい活動とは？

英文を聞いた後は，聞いた内容の理解を確認する。以下に，それぞれの場面や方法を紹介する。

①内容理解の確認（復習時）

復習として前時の内容理解の確認をする場合は，本文をパラフレーズしたものや関連する話題を活用し，生徒が意見や考えを発表する活動が大切だ。

②新しい教材の導入時

　まず「概要」理解の確認を行う。一般的には，True or False Questions を用いる。ただし，T or F のみの解答では，理解の確認があいまいになるので，例えば，内容が間違っている個所にアンダーラインを引き訂正させるなどの工夫が必要である。

③内容理解の確認（本時）

　本時の内容理解を確認するためには，以下のような方法がある。

（ア）インタラクションによる確認

　Yes-No Questions や疑問詞を使った発問を用いながら行う。前もって発問を板書するのか，教科書を閉じて行うのか，それとも発問をしながら，本文をパラフレーズしていくのかなどいくつか方法はある。なお，そのやりとりが，英文のサマリー（要約）に関連するように配慮することも大切である。

（イ）タスクシートによる確認

　確認方法としては，ペアやグループを利用する。ペアであれば，どちらかに，グループであれば，代表に解答を渡して活動させる。

（ウ）ディクトグロス（dict-gloss）による確認

　ディクトグロスは，ペアやグループで協力しながら英文を再生する活動である。文脈や状況，文法的な知識を活用し，互いに話し合いをしながら英文を完成させる。慣れてくると話し合いも英語で行い，リスニングだけでなくスピーキングの練習にもなる。さらに，この活動は，ライティングの力の向上も期待できる。

（エ）サマリー（要約）による確認

　読んだ内容や聞いた情報を（自分の言葉で）簡潔に伝えることは，日常生活ではよくあることだが，かなりハードルの高いタスクである。したがって，サマリー（要約）をすべて書かせるのではなく，空所補充形式（1語〜数語，1文など）を用いるなどの工夫が必要である。

④音読による確認

　音の理解ができていない状態でいくら音読しても，リスニングが上達することは期待できない。「音変化の法則」や「プロソディー」に注意を払い，

正しく音読ができているかどうかを確認することが大切である。

　なお，音読練習には，以下のような方法がある。

　（ア）読み方の記号や印をつける

　音読を行うときは，チャンク（意味のあるかたまり）ごとにスラッシュを入れたり，発音上注意すべき個所にアンダーラインなどの印をつけたりしたものを利用すると効果的である。また，ペアやグループで練習した後に，クラス全員の前で音読することも，スピーキングで自分の発表や意見を述べるときの自信にもなる。

　（イ）シャドーイング

　シャドーイングは，聞こえてきた音声をそのままほぼ同時に再生することで，聞こえない「音」を聞き取るためのトレーニングである。教材は，生徒が授業で学習して理解したものを使う。教材を見ないで行う(post-shadowing)ものが一般的だが，英文を見ながら行う(text-shadowing)方法もある。授業では5回程度を目標に行う。

　（ウ）レシテーション

　レシテーションは，英文を暗唱し再生することである。英文を暗記することに気を取られて「音」がおろそかにならないようにすることが大切である。教材は音読練習した教科書やサマリーを使うと，クラス全員で「音」を共有できるので効果的である。

参考文献

楠井啓之・中川知佳子・深澤真 (2011).「第6章　内容を理解した後の活動」卯城祐司（編著）.『英語を英語で読む授業』(pp.115-159). 東京：研究社.

向後秀明 (2019).『新学習指導要領が実践できる！　中学校　英語授業パーフェクトガイド』東京：学陽書房.

鈴木一行 (2019).「聞かせるだけで終わらせない　これからのリスニング指導」『英語教育』9月号（pp. 9-32）. 東京：大修館書店.

濱田陽 (2019).「授業にシャドーイングを取り入れる」『英語教育』9月号（pp.22-23）. 東京：大修館書店.

（池岡　慎）

Q 16　「話すこと」の場面づくりと活動を説明しなさい

1．「話すこと」とは

　一言に「話す」と言っても，複数の話者が相互に話し伝えあう場合もあれば，一人の話者が連続して話す場合もある。また，十分に話す内容や文言を準備してから話すこともあれば，その場で即興的に考えて話す場合もある。

　当然，授業における「話すこと」の場面づくりや活動も，上記のような「話すこと」の特性を踏まえた上で考えなければならない。

2．「話すこと［やり取り］」に関する場面と活動

（1）挨拶や Small Talk など

　最も初歩的な英語でのやり取りとして，授業冒頭での挨拶や，"How are you doing?" – "Pretty good." 等のやり取りが考えられる。また，眠たそうな生徒に，"What time did you go to bed last night?" と尋ねたり，合唱コンクール前に "What song are you going to sing?" と尋ねるなどして，Small Talk という形で既習事項を用いた英語でのやり取りの場面を設定することもできる。

　特別な時間を設けなくとも，プリント配付時に "How many copies do you need?" と尋ねて配ったり，教科書をロッカーに置いてきた生徒に "May I go and get my textbook?" と言わせてから取りに行かせるなど，何気ないやり取りを習慣化することで英語を話す場面を増やすことができる。

（2）新出文法事項の導入と定着・活用のためのコミュニケーション活動

　新出文法事項を導入する際には，既習事項を用いながら英語でのやり取りを通して「帰納的に」導入する（詳しくはQ30を参照）。また，文法事項の定着・活用のための活動の中にもインフォメーション・ギャップを用いた口頭での活動が想定できる（詳しくはQ31を参照）。

（3）教科書本文に関するコミュニケーション活動①

　教科書開本後の内容確認や前時の復習の場面で，教科書の内容に関しての Q&A を生徒同士で行わせる活動を設定することもできる。質問を教師が用意して使う表現をコントロールする方法の他に，教科書の写真や絵を見ながら自由にやり取りさせることもできる。

　より発展的な活動として，教科書の本文について自分自身が感じたことや考えたことを英語で表現させ，ペアやグループで伝えあう活動も設定できる。その際には，相手の考えに対して相槌をうったり，質問をしたりするなどのやり取りをさせたい。

（4）既習事項を総合的に使わせる活動①（チャット活動）

　教科書の内容に限らず，身近な出来事や日常的な話題についてペアやグループで短い会話をするチャット活動は，既習事項を総合的に使ってやり取りを行う活動として最適である。はじめは話題に関してできるだけ多く質問ができることを目標にし，徐々に相手の応答に対して Sounds nice. や I see. などの相槌を入れたり，さらに情報を引き出すための質問（I went to Kyoto last week. に対して How long did you stay there? や Who did you go there with? など）をしたりして会話を自然に続けられることを目標に指導していく。また，質問に答える際にも，Yes, I do. などで終わらずに，2文～3文で答えられるようにしていくなど，ステップを踏みながら自然で内容の充実したやり取りができるように指導していく。

　上記のようにチャット活動は段階を踏んで継続的に指導していく必要があるため，帯活動として毎授業5～10分程度行うなど長期的な計画で指導するのが良い。また，生徒が自身の達成状況や課題を振り返って次の活動につなげるためにも，会話を録音して聞き返したり，言いたくても言えなかった表現をメモしたりするなど，振り返りの場面を持たせることが大切である。

（5）既習事項を総合的に使わせる活動②（ディベート・ディスカッション）

　より社会的な話題についてはチャットのような短い会話だけではなく，賛成や反対の立場を明確にして自身の主張の妥当性や優位性を述べ合うディベートや，情報や意見を交換してお互いの意見や主張の優れた点や改善すべ

き点を伝え合うディスカッションなどの活動も考えられる。

　こうした活動を生徒が混乱なく行うためには，生徒がやり取りの目的，方法，形式をしっかりと理解することが重要である。ディベートとディスカッションとでは目的も異なり，そのための論理の構成や展開も異なることを事前準備や振り返りの際に指導したい。また，やり取りの具体的な進め方についても，役割や手順も含めて確認しておく必要がある。

　活動を行う上で使用する語句や表現，背景知識などについて支援が必要な場合には，事前に関連する話題について聞いたり読んだりする活動を通して提示する。ディベートやディスカッションを進めるために必要な I agree with …. や Do you mean …? のような表現についても事前に提示しておくとよい。

　初めのうちは話す英語を事前に練らせてもよいが，最終的には即興性を重視して要点を書いた簡単なメモのみによって話すことに慣れさせたい。

3．「話すこと［発表］」に関する場面と活動

（1）教科書本文に関するコミュニケーション活動②

　教科書の本文を理解できたら，教科書の内容を自分の言葉で他者に伝えるRetellingのような活動を行うことで話すことにつなげることができる。何も手掛かりのない中でRetellingを行うのは難しいため，発表の際には教科書の挿絵や写真，キーワードなどを黒板に貼り，書いた文を読むのではなく自分の言葉で説明させるようにする。自信を持って話すためには，授業で十分に音読を行い，教科書の語句や文を何度もアウトプットする機会を作らなければならない。黒板と同じ絵や写真，キーワードなどを印刷したプリントを用意しておけば，授業や家庭学習で個人またはペアで練習させることができる。

（2）既習事項を総合的に使わせる活動③（スピーチ・プレゼンテーション）

　一人の話者が日常的な話題や社会的な話題について，既習事項を用いながら事実や自分の考え，気持ちなどを表現する活動として，スピーチやプレゼンテーションの発表活動があげられる。スピーチもプレゼンテーションも，原稿作成時には表現だけでなく構成についても考えさせたい。また，聴衆を

意識した発表を行うために，事前に書いた原稿をそのまま読み上げるような発表にせず，話す速度や声の調子，視線，身振りや表情，視覚資料の提示の仕方などを意識した発表を目指したい。原稿がある程度出来上がったら，全体の前で発表する前にペアやグループで発表し合い，お互いに助言をし合う時間を授業内でとることで発表の質の向上につながる。こうした発表活動は，直後にALTやクラスメイトによるQ&Aを設定することで，一方的な語りだけでなく，「やり取り」の要素を含めることもできる。

4.「話すこと」の活動を行う際の留意点

①話す必然性のある場面設定：話す目的が明確であること，生徒が話したいと思える話題を提示すること，文脈のある自然なやり取りの中で発話させることなど，話すことの必然性のある適切な場面設定を行うことが重要である。

②話しやすい環境づくり：日頃から教師が生徒に英語で語りかけ，実際に生徒と英語でのやり取りを行うこと，生徒の発言に対して前向きなフィードバックを行い，間違えることへの恐れを取り除くこと，聞き手の姿勢についての指導を行い，互いの良さを認め学び合う集団を作ることなど，生徒が十分に力を発揮して話すための環境づくりが欠かせない。

③振り返りの機会：話すことに関する活動は成果と課題が目に見えにくいため，可能であれば録音や録画をし，さらなる改善に向けて振り返りの機会を与えることも効果的である。また，実際に話す活動をして生徒が言えないことが見つかった時こそ，全体でどういったらよいかを共有し，表現のバリエーションを増やすチャンスである。言えなかったことを恥じるのではなく，成長のチャンスと捉えられるような機会を作れるとよい。

（栖原　昂）

Q 17　スピーチやスキット導入のポイントを述べなさい

1．スピーチ導入のポイント

　スピーチは「スピーキング（発表）」の中心となるタスクである。ただし，スピーチ後にQ&Aタイムを盛り込むことで「やり取り」の要素を含むこともできる。スピーチの内容から言うと，個人的なトピックを扱うShow and Tellのようなタスク，特定テーマについての賛否（pros & cons）等の意見を述べるタスク，教科書の内容について要約発表をするサマリー・スピーチ，教科書の内容をさらに調べて発表するリサーチ・タスクなどに大別できる。いずれにおいても，2017年改訂学習指導要領では，できる限り即興性を盛り込むことを重視している点を念頭に置いておく必要がある。

　こうした点を踏まえると，たとえ事前準備を課したスピーチにおいても，原稿を読むといった発表方法はできる限り避けることが望ましい。対処方法としては，もし原稿を用意したとしても，フルセンテンスでスピーチ全体を記すのではなく，キーワードや箇条書きにしたものだけを参照させることが考えられる。例えば，以下は「猫は犬よりもいいペットである」ことを発表する際の箇条書きメモの例である。

Why cats are better pets than dogs
1）No barking.　　　2）No walking necessary.
3）Eat less

　これを基に "Cats are better pets than dogs. There are three reasons. First, they don't bark. Second, it's not necessary to walk them every day. Third, they eat less food." のように，その場で完全文に変換して発表する練習をするわけである。

　これをさらに応用すると，サマリー・スピーチやリサーチの発表においては，プレゼンテーションソフトを使ってスクリーンや電子黒板に情報を提示

したり，情報を記した大きな紙を黒板に貼りつけたりして発表することもできる。その際も，記すのはキーワードだけにして，発表者自身がそれを基にフルセンテンスに変換してスピーチをする練習をすると，フリースピーチへの下地を作ることができる。英語データの要約をする場合も同様で，英文をそのまま引用するのではなくキーワードだけを抜き出し，それを基に発表することで，内容，語彙・コロケーション（語と語の慣用的な結びつき），発表スキル（アイコンタクト，抑揚，重要箇所の強調等）の観点から英語力を強化することができる（要約発表についてはQ23におけるretellingも参照）。

2. スキット導入のポイント

スキットはrole playとも呼ばれ，学習指導要領における「スピーキング（やり取り）」の基礎となるタスクである。つまり，そこで中心となるのは，一定の設定されたコンテキスト（友人同士の会話，店員と顧客の会話など）において，適切な言語（くだけた表現，丁寧な言葉使いなど）を使ってやり取りをするという，コミュニケーションの基礎を学ぶものである。スキットの基礎は，まず第1に，教科書の会話文を音読したり暗記したりして基本的なやり取りをすることである。次に，そこで学んだ表現や文法事項を適宜用いながら，類似の状況を設定して即興的にやり取りを行う。

例えば，以下は，親と子供という設定で，感情表現とto不定詞の形容詞用法を学ぶ手法である。

Child: I'm very (hungry). I want something to (eat).

Parent: Oh, you are. Here are (some doughnuts) for you.

上記のような設定で，hungry/thirsty/busyやeat/drink/play withのような表現を組み合わせて自由にやり取りの練習が可能となる。

あるいは，観光客と地元住民の設定で，地図を見ながら現地点から別の地点（例えば最寄りの駅）への道を尋ねるといったタスクとすることもできる。こうした場合も，必要な語彙・コロケーション（turn right, go straight）などを適宜指導した上で，情報格差（information gap）を盛り込んだスキットとすることができる。　　　　　　　　　　　　　　　　　　　　　　　　　（磐崎弘貞）

Q 18 コミュニケーション場面で話せるための 指導を説明しなさい

1．アウトプットをさせるためのインプット

　コミュニケーションの場面で「話す」ことは，内容を即時に英語に変換して伝えなければならない難しい活動である。「英語でやりとりしてみよう」と急に言われても，生徒は戸惑ってしまう。やりとりをするためには，下準備が必要であり，その1つに良質で豊富なインプットが不可欠である。授業で教師が話す英語そのものが，生徒にとっての大切なインプットとなる。スモールトークや，オーラル・イントロダクション，オーラル・インタラクションを大切にした授業づくりを心掛けたい。また，教科書も大切なインプット材料である。本文を自分の言葉で語ることができるようにし，実際のコミュニケーション場面で使えることを生徒に実感させたい。使える表現を教科書の既習部分から探して印をつける，言えなかった表現を教科書から探す等の活動も有効である。大切だと思った表現や言いたかったけれど言えなかった表現を，自分で調べたり他者から教わったりしてノートに書き溜めていくのもよい。授業内でのインプット量には限りがあるため，メディアでの英語学習ツールを紹介する等，生徒自身が家庭学習でインプット量を増やしていけるような指導をしていくことも大切である。

2．基礎基本の徹底

　コミュニケーションを支える能力の一つに，grammatical competence（文法的能力）がある。文法の間違いを恐れるあまり会話が滞ることは避けたいが，誤りがあっても伝わればよい，という考え方にも気をつけたい。伝えたいことをきちんと伝えるためには，文法事項等の基礎基本を身に付けることが必須で，徹底するにはドリル等の地道な学習活動が大切である。形に焦点を当てた機械的な練習ではなく，その先のコミュニケーションにつながるも

のとするために，「どのような意味で」「どのような場面で使うのか」ということを意識しながら練習させたい。また，練習だけに終始せず，コミュニケーション活動で進んで使ってみる機会もバランスよく授業に取り入れていく必要がある。

3．会話を続けるためのストラテジーの習得

円滑なコミュニケーションのために，会話を続けるためのストラテジーを身に付けることは必須であり，発達段階に応じて指導していく。やりとりの中でよく使う表現や相槌，反応の仕方等は段階的に指導し，黒板に明示する等の工夫をして常に使えるようにしたい。また，生徒自身が知っている語句・文法で，言いたいことを最大限に言うことのできる力もつけさせたい。さらに，「言いたいのに言えない」というジレンマは，習得のチャンスであり，「言えるようになりたい」「以前は言えなかったけれど今回は言えた」というモチベーションへと転換させる。その際，新しい表現を教えたり調べさせたりして言える表現を増やし，次へとつながる学びとすることが大切である。一方で，工夫してその場で伝えられるようにする訓練も必要である。それは，言いたいことを違う表現に置き換えてみることや，長い表現は分けて考えてみることである。例えば「私は甘党です。」と伝えたいとき，「英語で甘党って？」と考え込んでしまっては，対話が滞ってしまう。甘党とは「私は甘いものが好き」という意味であり "I like sweets." と言えば伝わる，と気付かせたい。さらに，「正月に祖母の作ったお雑煮を食べて美味しかった。」と言いたいとき，中学1，2年生では「祖母の作ったお雑煮」の言い換えで頭を抱えてしまう。それを「おばあちゃんがお雑煮を作った。私はそれを食べた。それはとても美味しかった。」や，「おばあちゃんが私のためにお雑煮を作った。それはとても美味しかった。」と分けて表現できることを伝え，1年生レベルの英語を使っても伝えることができることを実感させたい。こうした訓練の積み重ねで，「言えない」とすぐに諦めるのではなく，コミュニケーションに積極的に臨む態度を養いたい。

４．豊富な「英語で即興的に話す」活動

　帯活動等で，即興的に話す活動を設定することで実践の場を増やしたい。決まった質問文を与えるQ&A方式，テーマのみを与えての自由なやりとり，発表活動後に内容に関するQ&A活動を設定する等で，限られた内容での即興的なやりとりが可能になる。Q&A活動の場合，質問に対しての単純な答えで終わらせず，追加情報や相手への質問をプラスして答えることを徹底する。テーマを与えてのやりとりでは，事前に教師が語り，"What do you think? Talk with your pairs!"と促すことで，教師の語りをよきインプットとしての活動へと展開する。さらに，相手を変えて同じ話題で複数回行うことも大切で，その都度「言いたいけど，言えなかった」ことを言えるようにして次に臨ませ，相手を変えることで新鮮さを保ちたい。

５．質問力の向上

　「やりとり」を継続するためには，相手が言ったことを理解し，流れに合わせて質問をする力が試される。普段の英語の授業では，教師が質問して生徒が答えるという場面が多く，生徒から質問をする機会は少ない。それが積み重なり，質問ができないためにやりとりが滞ってしまいがちである。これを解消するためには，機械的に質問を作らせるドリル練習だけではなく，質問内容を自分で考えて作る機会を意図的に設定する。例えば，What am I? というゲーム的な活動やインタビュー活動を取り入れること，スモールトークやオーラルイントロダクションで生徒から質問が出てくる工夫をし，質問を作る機会を意図的に設けることである。

　＜質問を引き出すやりとりの例＞

T:（写真を見せながら）This is my sister. She is a teacher too. What does she teach? Please guess!　（想像し，Does she 〜？で質問するよう促す）

S: Does she teach Art?

T: No, she doesn't. She doesn't teach art.

S: What does she teach?

　　　　このやりとりを何人かの生徒と数回繰り返し，疑問詞の質問へともって行く。

T: She teaches English too!

6. 安心してコミュニケーションを図れる雰囲気づくり

　コミュニケーション活動を促すには，安心して英語が話せる雰囲気づくりがとても大切である。そのためには，設定された活動以外のあらゆる場面で，英語を聞き，話す機会をもたせ，英語でのやりとりに対するハードルを下げていきたい。教師が教室に足を踏み入れた瞬間，教室を「英語でのコミュニケーションの場」とするのである。例えば，"Hi, how are you today?"から，準備をしていない生徒に"Where is your textbook?"と尋ね，"It is in my locker." や "I forgot my textbook." というやりとりや「ロッカーに取り行きたい」となれば，"Can I go to my locker, please?"と許可を求めるよう促し，"Why?"と聞き返し，"To get my textbook."といったやりとりにつなげる。

　コミュニケーション活動の中では，「どのように話させるか」に焦点が当たりがちだが，聞く態度にも目を向け，話している生徒が「聞いてもらえている」という安心感を持てる雰囲気を作る。また，生徒の実態に応じた活動を設定することも大切で，「どうせできない」という考えは拭い去り，難易度の高い活動にチャレンジしてみることが必要である。「言えないことは恥ずかしいことではない」「一度で言えないのは当たり前」「だんだん言えるようになってくる」ということを，生徒に常に伝えながら活動を進めたい。

参考文献

樋口忠彦・髙橋一幸（編著）(2015).『Q&A 中学英語指導法辞典　現場の悩み152に答える』東京：教育出版.

本多敏幸（2018).『中学校　新学習指導要領　英語の授業づくり』東京：明治図書.

（中島真紀子）

Q 19　対話を自分でコントロールするための表現と活動を説明しなさい

1．対話を自分でコントロールするための表現（コミュニケーション方略の指導）

　英語によるスムーズな対話を生徒にさせるためには，教師側から英語による大量のインプットを与え，語彙や文法を教え，学んだ知識を素早く使わせるアウトプット活動を繰り返しさせる必要がある。しかし，言語知識の自動化が進めば自然な対話ができるというわけではない。口頭による対話の難しさは，まず「聞く」ことにある。「読む」活動と違い，自分でインプットのレベル，回数やスピードをコントロールできないからである。たいていの場合相手の発話は一回きりであり，音声はすぐに消えてしまう。また，「話す」活動に関しては，自分の意図することが本当に相手に伝わっているのか確認しながら進めなければならない。自分と相手との間に理解の不一致が起きた場合や，沈黙などの断絶が起きた場合に，人がそれを解決しようと行う行動がコミュニケーション方略（communication strategies, 以下CS）である。生徒がある程度英語で自分の意思を伝えられるようになったら，少しずつCSの指導を導入すると良いであろう。

　広義のCSには顔の表情やジェスチャーなどの非言語的な要素も含まれるが，ここでは対話をコントロールするための言語表現に焦点を当てる。中学・高校の現場で有益と思える表現を，以下5つのカテゴリーに分け，有益だと思われる表現例を表3-19-1に示した。

（1）相手に援助を求める表現（help-seeking）

　相手の言っていることが理解できず，もう一度言ってもらいたい場合や，話すスピードを下げてもらいたいときの表現。

（2）会話を調整する表現（negotiation for meaning）

　自分の理解が正しいか確認したり，理解できない部分を明確にするよう要

求したり，相手の理解を確かめたりする表現。

（3）会話維持のため反応する表現（response for maintenance）

不自然な沈黙を避け，積極的に会話を続けようという姿勢を示すため，理解を表したり，相槌を打ったり，同意できないことを示したりする表現。

（4）自分の意図を何とかして伝えるための表現（modified output）

自分の意図が相手にうまく伝わっていないと感じられるときに，言い換えを導入したり，なんとか伝えようという姿勢を示したりするための表現。

（5）時間を稼ぐための表現（time-gaining）

適切な表現を思いつくまでの時間が必要であるときに，場をつなぐ表現。

表3-19-1　CS表現の例

（1）相手に援助を求める表現

Could you say that again? / I beg your pardon? / I'm sorry?

Could you speak more slowly? / More slowly, please.

How do you say 〜 in English? / How do you spell 〜 ?

（2）会話を調整する表現

What does 〜 mean? / What do you mean by 〜 ?

Could you talk more about it? / Could you elaborate on that?

For example? / Could you give me some examples?

（3）会話維持のため反応する表現

You can say that again! / Well said! / I agree with you. / I'm for your idea.

I don't agree (disagree) with you. / I have a different opinion. / I'm against your idea.

（4）自分の意図を何とかして伝えるための表現

Do you know what I mean? / In other words, it means 〜 .

Let me put it this way. / Differently put, I mean 〜 .

（5）時間を稼ぐための表現

Let me see… / Well… / How can I say this?

How about you? / What do you think of it?

（筆者作成）

2．対話を自分でコントロールするための活動

上記のCS表現を活用させるための活動としては，インフォメーション・

ギャップのあるペア活動や意見の相違が出やすいグループ活動などが適している。以下にいくつか活動例を挙げる。

（1）インフォメーション・ギャップがあるペア活動

①　Picture description

ペアのうち一人だけに単純な図形や絵を見せ，それを英語でパートナーに説明して聞かせる。パートナーはその描写を聞いて，その絵を描く。時間が来たら役割を交代して，また別の絵を用いて同じ活動を行わせる。

②　Communicative Crosswords

ペアでクロスワード・パズルを完成させる活動である。授業で出てきた英単語を使って，クロスワード・パズルの枠を作成する。Discovery Education's Puzzlemaker というインターネット上のサイトでCriss-corss を選択すると簡単にパズルの枠が作成できる。これをコピーして2枚にし，それぞれに半分ずつ答えの単語を書き込み，Sheet A と Sheet B という異なるシートを作成する。ペアの一人ずつにこの異なるシートを渡し，相手には見せないように指示する。単語そのものを言わずに，英語で言い換えて相手に伝えさせるようにする。どの単語を説明しているのか相手に伝わるように，「1のヨコ」にある単語なら "one, across"，「3のタテ」であれば "three, down" と言ってから説明を始めるように指示する。ジェスチャーも禁止し，時間内でパズルを完成させるように取り組ませる。

③　間違い探し

似ているがいくつかの違いがある2枚の絵を用意する。インターネット上で「間違い探し」と検索すれば，こうした無料教材がいろいろ見つかる。ペアに1枚ずつ絵を配布し，相手には見せないよう指示する。お互いに英語で絵の描写をさせ，違っている部分を見つけさせる。

（2）意見の相違が出やすいグループ活動

①　Discussing an open question

生徒に正解のない問い（an open question）を与え，個人で考えさせてから4人程度のグループで討議させ，一つの結論を導き出させる活動である。問いは生徒に身近でかつ興味深いものが望ましい。例としては，「10年後には

無くなってしまうもの（What will disappear in the next 10 years?）」や，「友情を保つためには何が大切か（What are important to keep friendship?）」などが考えられる。まず教師が問いに対する自分の考えを英語で話して聞かせる。次に数分間個人で考える時間を与え，自分の考えを箇条書きでワークシートやノートに書かせてみる。続いてグループでの討論に入らせる。一人一人が作成したメモを基に自分の意見を述べ，グループとして１番重要だと思うものを１つ選ばせる。上記のCS表現を先に指導しておき，討論がスムーズに進むようその使用を促しておく。討論後，グループごとに結果を発表させる。

②　Ranking tasks

与えられた選択肢を，テーマに基づいてグループでランク付けする活動。テーマとしては「水と食料はあるが，あとは何もない無人島に持っていくべきもの（What will you bring to a deserted island with plenty of food and water?）」や，「今子供に人気のある職業（What jobs are popular among children now?）」などが考えられる。上記の討論活動と同じく，まず個人で考えさせてから，グループで意見交換させ，順位を決定させる。その後グループごとに発表させ，ランクを比較させる。

参考文献

相澤一美，望月正道（編著）（2010）．『英語語彙指導の実践アイディア集——活動例からテスト作成まで』東京：大修館書店．

Dörnyei, Z., & Scott, M. L. (1997). Communication strategies in a second language: Definitions and taxonomies. *Language Learning, 47(1)*, 173-210.

Izumi, E. (2008). The effectiveness of teaching communication strategies through explicit task-based instruction. *Annual Review of English Language Education in Japan, 19*, 171-180.

泉惠美子（2017）．「小学校英語における児童の方略的能力育成を目指した指導」『京都教育大学教育実践研究紀要』17，23-33．

（笠原　究）

Q 20　一文ごとに理解できても，なぜ長文が読めないのかを説明しなさい

1．「文章理解」のプロセスとは

　「読解」には，単語を認識し，文の主語や述語の関係を理解し，背景知識を利用した上で適切な推論を生成するなど，複数の要素が関わる。また，1語1語の情報を積み重ねて最終的な文章読解につなげるボトム・アップ式の処理と，背景知識を利用しながら下位情報を補うトップ・ダウン式の読み方がある。ボトム・アップとトップ・ダウンのどちらをより重視するかは研究者によって議論が分かれるが，どちらの処理も必要不可欠である。

　それでは，文中の単語の意味を全て知っており，文の構造を解釈できれば，一文の意味や，文章全体の意味を正しく理解できるのだろうか。残念ながら，必ずしもそうとはならない。長文読解は「文脈」の影響を受け，読み手の知識も重要な役割を果たし，文字通りの意味が書き手の本意であるとは限らないことを，次の3例から考えてみたい。

2．文章理解における文脈の影響：「病院」と「試合」の関係とは

　次の文章は，アメリカにある病院のホームページからの抜粋である（注：下線および電話番号の改変は筆者による）。

　(1)**Delivering on an Ohio State Football Game Day**: If traveling to the Emergency Department or (2)Labor and Delivery during (3)an Ohio State football home game, please contact Ohio State's Police Department at 614-292-xxxx and notify (4)them of your pending arrival. You will be asked to provide your travel route, vehicle description and/or (5)license plate number with an estimated time of arrival so as to alert traffic officers so (6)they can help you through game day traffic.

　まず見出しにある(1)Delivering を見て，「病院へ何を配達するのか」と疑問に思う人がいるかもしれない。本文を読み始めると(2)Labor and Delivery とある。(3)an Ohio State football home game もあるので，オハイオ州でフットボールの試合がある日は，医療従事者へピザの配達でもあるのだろうか。そこで警察に連絡せよとは，客が電話するのか。果たして「旅行するルート」を教えると，何か手伝ってもらえるのだろうか。

　この文章において，理解するためのポイントがいくつかある。第一に，多義語を文脈に応じて適切に理解する必要がある。ここでの labor と delivery は「労働」と「配達」ではなく，「陣痛」と「出産」である。

　第二に，Ohio State Football Game Day がどのようなものか理解しなければならない。ここでの Ohio State とは「オハイオ州」ではなく「オハイオ州立大学（The Ohio State University）」のことである。オハイオ州立大学はスポーツがとても盛んで，特にフットボールの試合の日は，数時間前から交通渋滞が尋常ではなく，スタジアムへつながる道はどこも詰まっている。

　第三に，(4)them や(6)they などの代名詞が何を指すのかを理解する必要がある。この場合は「警察」を指している。なぜ警察が出てくるか，それは試合の日に多数の警官が交通整理にあたるからである。いきなり病院に行こうとしても渋滞にはまって長時間動けなくなるので，あらかじめ警察に電話し，自宅から病院までの経路，どのような車に乗っていくか，ナンバープレートの番号，到着予想時刻を伝えておくように，との指示である。Travel とあっても「旅行」に行くわけではない。また，(5)license plate number は車両の前後に付いているナンバープレートを指す。

　このように，単語や文構造がそれほど難しくなくとも，長文を理解するためには，文脈を正しく把握し，書かれていない情報を背景知識から補ったり推論を生成させたりする必要がある。Sanford と Garrod という研究者が提唱した読解モデルでは，読んでいる情報と読み手の知識を関連させることによって，読解中に読み手が「心的表象」を構築する，と仮定している。

3．物語文の理解：ピーナッツはアーモンドに恋をするか？

　読解の対象となる文章にも，説明文や物語文など様々な種類があるが，特に物語文の場合は，説明文では見られない話が描かれることもある。そして読み手の知識は，事実に反する内容を解釈する（counterfactual reasoning）にも重要な役割を果たす。次の例を見てみよう。（下線部は筆者による）

A woman saw a dancing peanut who had a big smile on his face. The peanut was singing about a girl he had just met. And judging from the song, the peanut was totally crazy about her. The woman thought it was really cute to see the peanut singing and dancing like that. <u>The peanut was (　　　　)</u>, and by the sound of it, this was definitely mutual. He was seeing a little almond.

　下線部の（　）に入る語句としてsalted もしくはin love のどちらが適切だろうか。普通は，主語the peanut を考えると，salted が正しくin love は考えにくい。しかし第1文にa dancing peanut とあることから，ピーナッツは擬人化されていることがわかる。そこでこのストーリーにおいては，salted よりも in love の方が適切である。また第2文に出てくるa girl he had just met は，最後の文にあるa little almond と対応するため，ピーナッツはアーモンドに恋をした，という話になる。Nieuwland と Van Berkum という研究者は，この文章を用いて言語理解における脳波を調べ，協力者はin love よりも salted を含む文に対して，「何か変だな」と感じる反応（N400）を示すことを明らかにした。この物語文の描写に対しても，文脈情報や背景知識なしにはThe peanut was in love. の文意を正しく理解できないだろう。

4．感情の理解：「皮肉」はどのように理解されるか？

　最後に，文字通りの意味を理解できても，それが書き手の真意ではないこともある。文字通りの意味と異なる意味を表す表現は「比喩表現 (figurative language)」とも呼ばれ，メタファー・冗談・皮肉・イディオムなどがある。こ

こではFilikらの研究で使われた，皮肉（irony）を含む文章の例（下線は筆者による）を見てみよう。

Charlie was desperately trying to undo the lid of a jar, but was having difficulty with it. Ray said to him, "<u>You're so strong</u>." Charlie felt that this was a very mean thing to say.

蓋をどうしても開けられないCharlieに対し，Rayが「君は本当に強いね」と言っているが，これは皮肉であり，真意は裏返しの「君は弱いね」である。

　読解では登場人物の感情を推論することも重要である。この推論は一文を語彙や統語の知識で理解するだけでは生成することができない。

　本節で見てきたとおり，一文ずつ理解するだけでは長文全体の意味を把握することは難しい。読解とはそれほどに，読み手自身の知識や文章が設定する文脈，そして書き手のレトリックが複雑に絡んだプロセスなのである。

参考文献・URL

Filik, R., Brightman, E., Gathercole, C., & Leuthold, H.（2017）．The emotional impact of verbal irony: Eye-tracking evidence for a two-stage process. *Journal of Memory and Language, 93*, 193-202.

Nieuwland, M. S., & Van Berkum, J. J. A.（2006）．When peanuts fall in love: N400 evidence for the power of discourse. *Journal of Cognitive Neuroscience, 18*, 1098-1111.

オハイオ州立大学ウェクスナー・メディカル・センター（2019）．入手先 https://wexnermedical.osu.edu/obstetrics-gynecology/maternity-center/labor-and-delivery

Sanford, A. J., & Garrod, S.（1981）．*Understanding written language: Explorations of comprehension beyond the sentence*. Chichester: John Wiley.

（土方裕子）

Q 21　あらすじや概要・要点をつかむ読みの ポイントを述べなさい

　文章のあらすじや概要（gist）や要点（main idea）は，詳細情報と区別され，前者を理解するための読み方を大意把握読みやスキミングと呼ぶ。これは，重要な部分をすくい取るように読んで大意を把握する方法で，例えば，新聞記事の見出しやリード文に目を通し，何が書かれているかを把握するような読み方である。一方，詳細情報を素早く理解する読み方を情報検索読みやスキャニングと呼ぶ。例えば，時刻表や説明書から，特定の情報を探す場合がそれにあたる。

　読解には，大意把握，情報検索，批評読み等のさまざまな読み方と，それに適した方略がある。大意把握読みには，①タイトルやイラスト，図，写真などを見て内容を予測する，②初めに大意を把握するために全体に素早く目を通し，その後ゆっくりと注意深く読む，③読んだ内容を大まかに確認するために（誰が，何を，どのようにしたのかについて）自問する，④理解できない部分があっても気にせずに概要を理解できるよう努める，⑤情報を取捨選択し重要な情報をまとめたメモを作る，といった方略が関係する。

　教室で大意把握読みに取り組むためには，読解前に文章に関わる背景知識を活性化させる，新出単語の知識を与えるという手順を踏んでから，以下のステップで活動を行うと良い。

①文章構造が明確な説明文を読む
- パラグラフ構造に注目する。各段落には，トピックセンテンス（主題文）が段落冒頭に述べられることが多い。第1段落全体と各段落の冒頭のみを読むことで，全体の概要を摑むことができる
- 重要度の高い情報と詳細情報の両方を含むパラグラフを選び，教師がそれらの区別方法のモデルを示す（例，重要な部分をハイライトする）

②ワークシートに取り組む
- who, what, when, where, why を理解し，重要度の高い情報を抽出する

- 筆者の主張や意図を読み取る
- ペア活動を行う（協同学習によって，読解方略の使用が活性化され，より広く・深い理解につながり，文章との関わりが深まる）

③要約課題に取り組む

- 10〜20単語程度（または，それ未満）の「概要」にまとめる
- テキスト表現を抜き出して複写するだけの要約を避けるために，「表象依存型要約方略」を高く評価する
- 要約に字数制限がある場合（特にそれが厳しい場合）に，表象依存型要約方略が用いられる
- 要約だけを読んでも，筆者の主張が分かること，要点（キーワード）が盛り込まれていることが重要である

　大意把握読みに取り組む際，教師は生徒に対し，①その文章が対象としている読み手は誰か（一般的な人，技術者，学生など），②文章の種類（手紙，広告，取扱説明書など），③書き手の目的（説得する，情報提供，指示など）を読み取るように指示を出すと良い。また，情報の重要度を判断するのが苦手な生徒に対しては，読む際に「視点」を与える（例：○○の立場で読みなさい，○○というタイトルでレポートを書くための資料として読みなさい，と指示する）のも良い。例えば，ある「島」についての説明文であっても，観光業者と地質学者の立場では，重要な情報が異なる。

　読む速さも重要であるため，生徒のレベルに対し，やや易しい教材を使用した多読や速読を繰り返すことも効果的である。この際，速さを重視しすぎる必要はなく，ちょうど良い速さを意識させることが肝要である。例えば，読解後に概要に関する質問（who, what, when など）や書き手の意図に関する質問をし，続いて詳細に関する質問をする。詳細についても正確に答えることが出来る読み手は，ゆっくりと読みすぎている可能性がある。完璧な理解を目指さない読み方や，仮の解釈（tentative interpretation）を生徒自身が許容できる雰囲気を作りたい。

（中川知佳子）

Q 22　書き手の意向を読んで理解できる力を育てるにはどうするかを述べなさい

　英語で書かれた電子メールを読んで，読み手が「自分はパーティーに招待されている」と解釈すること，それが「書き手の意向を理解する」ということである。これは，リーディングの「概念（notion）・機能（function）」とも言われるもので，このほか説得，警告，情報提供，使用説明，要請などに分類される（詳細は卯城，2018を参照のこと）。読むという活動は読み手と書き手のコミュニケーションであり，「書き手の意向を理解する」ことはコミュニケーション活動に欠かせない要素である。2018年改訂高等学校学習指導要領においてもこれは明示されている。「英語コミュニケーションⅠ」の目標として，「日常的な話題について，使用される語句や文，情報量などにおいて，多くの支援を活用すれば，必要な情報を読み取り，書き手の意図を把握することができるようにする。」と掲げられている。

　次に，本テーマにも関連するPISAの概念について触れておきたい。PISA調査とは，経済協力開発機構（OECD）が行う「生徒の学習到達度調査」で，義務教育修了段階にある15歳児を対象に多くの国で実施されているものである。将来生活していく上で必要とされる知識や技能がどの程度身に付いているかを調査する(経済協力開発機構, 2010)。PISAの「読解力」は，①情報へのアクセス・取り出し，②統合・解釈，③熟考・評価の3つの要素から構成される。①として，英語活動におけるスキャニングのような「情報の取り出し」課題が，②として，テキストが内部的に意味をなすように素材を分析させる「幅広い理解の形成」及び「解釈の展開」の課題が，③として，読み手が既有知識を活用して今読んでいる内容との関連付けを行う「テキストの内容の熟考・評価」の課題や「テキストの形式の熟考・評価」の課題が挙げられる。このPISAの読解力の構成要素のうち，本テーマの「書き手の意向を理解する」読みでは，主に②の統合・解釈が求められている。つまり，読み手

が書き手の意向を理解するためには，テキスト内では明言されていないものの意味を理解する「解釈」を行いながら，また文章の一貫性を認識したり，複数のテキストの関連性，つまり類似点や相違点を比較して理解する「統合」を繰り返し行うことが必要とされる。

　PISAの報告書では，②の課題例として「テキストのタイトルやテーマを選択させたり，作らせたりする」，「単純な指示の順番を説明させる」，「物語の主人公，背景，境遇を説明させる」，「地図・挿絵の目的や用途を説明させる」を挙げている。そのほか，テキスト内で主題や考えが明確に述べられている場合はその該当部分を特定させる／テキスト内の情報の反復に気づかせて主題を推論させる／テキスト内で述べられている主要な考えと細部とを区別させる／「第一に」，「第二に」などの語句などに注目させたり，目印がない場合は推測させながら情報のつながりを分析させる／テキストに特定のニュアンスを与えている語やフレーズの意味を推論させる，などが課題に挙げられている。PISAのこれら読解力に対する考え方は，国語のみならず外国語教育の分野にも応用可能であると考えられる。

　以上からも，「書き手の意向を理解する読み」が実に複雑なプロセスをたどることがお分かりだろう。筆者が指導する上で心がけていることをまとめたい。

　　一ヶ条. 自分(教師)が「理想的な読み手」としてどのような情報や考えをもとにその解釈に至ったのか教材をじっくりと読みほどくこと。
　　二ヶ条. 読解の授業とはそれを生徒に丁寧にたどらせる作業である。

参考文献

経済協力開発機構（2010）.『PISA2009年調査評価の枠組み：OECD生徒の学習到達度調査』東京：明石書店.

卯城祐司（2018）.「リーディング」. 望月昭彦（編著）.『新学習指導要領にもとづく英語科教育法（第3版）』（pp. 148-162）. 東京：大修館書店.

（清水真紀）

Q 23 再話（retelling）が読解理解を促すのはなぜかを説明しなさい

1．再話 (retelling) とは

　再話（retelling）は，「ストーリーを読んだ後に，原稿を見ない状態で，その内容を知らない人に語る活動」である（卯城，2009）。指示としては，次のようなものになる。

Pretend that you are asked to tell the story to other kids in the class who have never heard the story before. What would you tell them happened in that story? Can you remember anything else? (Golden, 1988)
（どんな話だったのか，この話を知らない人に説明してください。話の中でどんなことが起こりましたか。他に覚えていることはありますか。）

　まとまりのある英文でリーディングを行った後，再話を行うとスピーキングにつながり，相手の再話をしっかりと聞くことがリスニングとなり，内容を書いてまとめるとライティングにつながるなど，再話は他の言語技能と融合した総合的なポスト・リーディング活動である。
　再話は新しい活動ではなく，1920年代から評価方法として取り入れられていると言われている。実はこの再話は，私たちが日常生活の中で自然によく行っている活動である。学校から戻ってきて家族に，今日一日，学校で起きた出来事を話したり，リビングで新聞を読んでいて気になる記事を，離れた部屋にいる家族に，その内容をかいつまんで話したりするのも再話である。

2．生徒主体の活動

　再話には，生徒が主体的に行う活動としてのメリットがある。これまで英

文の理解は，教師がQ1. When did the story happen? / Q2. Where did the story happen? などの質問を行うことで確認してきた。しかし，これらの英問英答では，該当する本文箇所の確認しか出来ない。上記2問全て答えたとしても，ひょっとすると，Q3. Who was in the story? / Q4. What was the problem in the story? などの問いには答えられないかもしれない。

理解や記憶の確認には，再生（recall）と再認（recognition）がある。定期テストで記述式穴埋め問題は前者，記号で答える選択式問題が後者にあたる。再認の方が再生よりも易しく簡便であるが，答えから得られる情報としては再生の方が質的にも量的にも多い。再話はこの再生にあたり，内容理解に関して様々な情報が得られる。

例えば，再話量が多くても，細かな事例ばかりだと，大事なポイントを押さえていないことがわかる。要約などでは理解度が高いほど短くなる傾向があると言われているが，それもあくまで相対的なもので，再話量が極端に少ない時には，理解が粗い可能性も考えられる。

また面白いのは，英文のどのような個所を再話しているかで理解だけでなく感動なども知ることができる。再話を終えた後で，その内容についてやりとりすると，一人一人の内容理解やストーリーの受け止め方がさらに分かる。

3．暗記（memorization）との違い

再話は様々な教室で行われるようになった。再話を通してスピーキングの力を伸ばすことをメインに考えたり，その測定方法としてとらえたり，教科書などの英文を頭の中に入れる手段として考えたりしている授業も多く見かける。しかし，リーディング指導の面から考える最大のメリットは，この活動を通して，英文内容の理解を高めることができることである。

英文を読んだ後，通常，再話を行う時には教科書を閉じて行う。この間，内容理解が高まるというと，まるでマジックで鍵をかけた宝箱の中身が変わってしまうように，不思議に思うかもしれない。この謎ときは「英文内容を知らない誰かに語る」という点にある。

英文内容を知らない（と想定している）相手に，英文を見ないで内容を伝えようとすると，頭の中で内容を整理する必要が出てくる。わかりやすい言葉で相手に語ろうと努めれば努めるほど，英文の理解が高まるのである。

　つまり，「英語が読めた（あるいはリスニングでも英語が聞けた）」というのは，一語でも多くの英語や情報を頭の中にため込むことではなく，それらの内容が，頭の中できちんと整理されている状態を指す。再話は，「相手に，わかりやすく伝えよう」という気持ちを強く意識することで，自分自身も頭の中で内容を整理し，また伝える過程で自分自身の理解も整理整頓される活動となる。

　再話となると前述のように，人によっては，1語1句英文を暗記しなければならないと錯覚するかもしれない。このような活動も英語を頭の中に入れる効果はあるものの，英文内容の整理整頓にはつながらず，理解は活動前からさほど高まっていない。再話は技能間をつなぐ活動としてのメリットがあるが，本文の暗記に終わってしまうと，同じような場面・展開でなければ生きないオウム型の活動に終わる。時に，身振り手振りを交えたりしながら，少しでも易しい英語で，相手の理解を確かめながら効果的に間をおいたり，語るスピードを変えながら，自分のことばで再話する時，コミュニケーション能力が高まっていくのである。

　再話は形を変えて何度でも行い，英文内容にふれることができる。先ず読み手として再話の前に英文を読み，自分がペア相手に再話し，次に役割を交代して相手の再話を聞き，また，ペア相手を変えたり，先生の再話モデルを聞いたりと，何度も英文内容にふれることができる。

4．再話を行う前に

　「さあ，自分のことばで再話してみよう」と言っても，中学生も高校生も，それほど英語のヴァリエーションが豊富ではない。中には必ずしも英語が得意でない生徒もいる。先ずは，しっかりと本文を通して音読し，内容を確認することから始める必要がある。また，再話を行う際は，本文の「語句や写真，絵」の拡大コピーを黒板に貼るなどすることも大きな支援となる。先生

がその中の語句や写真のひとつを用いて例を示しても良いし，生徒，1人1人が伝えたい内容，あるいは頭に残っている内容は異なるので，補助として示した語句や写真，絵の全てを使わなくとも良いことを事前に伝え，安心させることも重要である。「全ての内容を」「少しでも多くの英文を」と意識すると，暗記になってしまう。

　まず，本文の一場面を思い出し，あるいはその内容の絵をもとに日本語で再話することくらいから始めると良い。初期段階では，英語での再話を意識すると暗記になってしまう恐れがあるからである。ただし，日本語で再話，そして次に英語で再話という手順を踏むときは，最初の日本語再話を翻訳しないように気をつける必要がある。

　段階があがるにつれ，補助として与えた語句の他に，付け加えたい語句をメモして使ってみたり，英文内容を自分で整理してメモし，それを組み立てたりすることにも挑戦させてみると力がつく。

　先生が行うOral Introductionは，再話の一番のモデルとなる。ここで，難しい表現を言い換えたり，例をあげたりとヴァリエーションを示すことが，生徒が「自分の言葉で語る」ことにつながる。また，英文を読んだ後の英問英答では，その英語の答えをつなげると再話となるように，本文理解を導くことができる。さらに，本文を読むときは，ひと通り学んだあとに，英文を通して読んだり，学年が上がれば初見での通し読みに挑戦したりするなど，英文全体を通して理解することを目指すのも大事である。再話には「間違い」や「失敗」がないので，恐れず，先ずは，1枚の絵を使ってPicture Descriptionなどから始めると良い。

参考文献

Golden.J.M.（1988）．The construction of a literary text in a story-reading lesson. In J.L.Green, J.O.Harker and Golden J.(Eds.), *Multiple perspective analyses of classroom discourse* (pp. 71-106). Norwood, NJ:Ablex.

卯城祐司（2009）．『英語リーディングの科学:「読めたつもり」の謎を解く』東京:研究社.　　　　　　　　　　　　　　　　　　　（卯城祐司）

Q 24 ライティングの要素とプロセスを説明しなさい

1．ライティングに含まれる要素とは？

　ライティングとは書く行為や技能，または本や文書などの書かれたものを指す。では，良いライティング（文章）とは何だろうか。それは，「書き手が伝えたい主張や事柄が読み手に的確に伝わる文章」である。そのような良い文章を書くためには，書き始める前に，どのジャンル（genre）の文章を書こうとしているのかを書き手が認識し，その特徴を理解する必要がある。ここで言うジャンルとは，特定の目的を持つコミュニケーション活動の種類を意味する。例えば，読書感想文，授業レポート，学術論文，新聞の社説，ビジネス文書は，各々異なる目的を持つ別々のジャンルである。また，「議論」，「記述」，「報告」，「説得」，「説明」，「比較対照」などを目的とする文章も，各々異なるジャンルである。

　まずは，どのジャンルの文章を書くのかを認識する必要がある。次に，目的（何のために書くか），読み手（誰に向けて書くか），構成（どのように文章を構成するか），言語的特徴（どのような語彙や表現を使うか），コンテクスト（どのようなコンテクストで書くのか）を理解することが大切である。

2．ライティングのプロセスを考える

　ライティングの課題が出た時に，書き手はどのようなプロセスで書くとよいだろうか。ライティングのプロセスは個々の書き手によって異なるものであるが，いきなり書き始めるのではなく，複数のプロセスを経て書いていくことで，より良い文章を書くことができる。ライティングの基本的なプロセスは，「構想」，「アウトライン」，「下書き」，「書き直し」，「推敲」を経て「提出」となる。ただし，「推敲」までのプロセスは直線的ではなく巡回的であるため，必要に応じて各工程を何度も繰り返すことで文章が磨かれていく。

　まず，「構想」では，出されたテーマや課題に対してどのような考えや情

報を述べるかを検討し，論じる範囲をある程度決める。その際に，ただ頭の中であれこれ考えを巡らせるだけでなく，考えや情報を書きだしてみると可視化され，書きたい内容を整理しやすくなる。例えば，ブレインストーミング（brainstorming）という方法を用いると構想を練りやすくなる（**Q25**参照）。

「アウトライン」を作る段階では，「構想」の段階で出た考えをもとに，文章全体のおおまかな流れを考える。この段階では，文章の構成を考え，論点を整理するために，書きたい事柄を日本語または英語で箇条書きにしておくとよい。アウトラインを作ることは，文章作成中に起こりうる論旨の逸脱や情報の書き忘れを防ぎ，一貫した主張やトピックを論じる手助けとなる。

「下書き」を書く段階では，アウトラインをもとにして，詳細かつ具体的な情報を加えていく。その際に，書きやすい箇所から書き進めていき，不十分な箇所があっても一通り書いてみるとよい。

「書き直し」をする段階では，下書きを何度も読み直して，気づいた点を修正していく。書き直しをすることで，文章の質をさらに高めることができるため，この作業はライティングのプロセスの中でも特に重要である。書き直しの際には，文章を声に出して読むと効果的である。下書きをプリントアウトしてから音読することで，耳からのインプットがあり，文章に対して新たな気づきが得られる。例えば，「この単語の綴りが間違っている」，「ここの文法がおかしい」，「この文と文の間は，論理が飛躍してうまくつながっていない」などに気づくことがある。可能であれば，級友など第三者に文章を読んでもらい，客観的な意見や助言を得ることも文章の向上に役立つ。

「推敲」では，一語一句丁寧に文章を見直して誤字脱字に気を付け，文章の体裁を整える。書き直した直後よりも，数日から1週間程度間を空けてから推敲すると，読み手の視点から新鮮な目で文章を読むことができる。

このような一連のプロセスを有するライティングには，多くの時間がかかる。特に，書き直しを十分に行ったかどうかで文章の出来栄えが大きく変わるため，早めに下書きを書き，何度も書き直しをすることが望ましい。

（大野真澄）

Q 25 ライティングにつながるブレインストーミングを説明しなさい

1．ブレインストーミングはどんな時に必要なのか？

　伝えたい内容を相手に効果的に伝えるためには，情報を整理し内容を選択する必要がある。ブレインストーミングを行わないまま英作文すると，書く内容を考える作業とアイデアを英語に変換する作業が同時に起こり，負荷が高くなる。その結果，話が飛んだり説明不足になったりするなど文章が散漫になり，文法ミスも多くなるため，読みにくい文章になる。

　書く分量が２〜３文程度と少なく，生徒にとって身近なトピックであれば，ブレインストーミングの必要性は低いが，それよりもはるかに分量が多かったり，幅広いトピックや生徒にとって親密度の低いトピックを扱ったりするのであれば，ブレインストーミングをして事前に書く内容を整理した上で英作文に取り組ませた方がよい。以下，ライティングにつながるブレインストーミングを３つ紹介する。

2．ライティングにつながるブレインストーミング

（1）マインドマップ

　マインドマップは情報整理術の1つである。用紙の中心にトピックを置き，そこから連想されるサブトピックを放射状に書き連ね，出てきたサブトピックからさらに関連する下位項目を書き出していく。図3-25-1は，マインドマップ作製アプリ Ayoa を使って作図したものである。こうした作業を進めることによって，書き出した情報の階層構造が視覚化され，どの情報が重要かを確認したり，情報同士の関連付けをしたりすることが容易になる。

　マインドマップを描く際の留意事項として，①A4サイズ以上の大き目の用紙を横長にして使う，②中心にあるトピックから枝状の線（以下，ブランチ）を伸ばす，③ブランチは中心から離れるにつれて徐々に細くしていく，

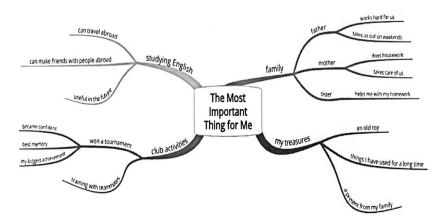

図3-25-1　Ayoaで作図したマインドマップ例（筆者作成）

④1つのブランチには語句を簡潔に書くなどが挙げられる。

　マインドマップが効果的なのは，英作文のトピックが広すぎる場合や複数の
パラグラフからなる文章を書く場合である。トピックが広すぎると思われるも
のは，例えば，"The Most Important Thing for Me", "My Best School Memory",
"My Biggest Achievement", "Things We Should Do" などがある。これらのト
ピックを生徒が事前準備なしで英作文しようとすると何から手を付ければよ
いのかわからず，思考が停止してしまいがちである。仮に書けたとしても，
内容が薄くなりがちである。マインドマップを使って思いつくアイディアを
列挙し，思考を整理した上で，書くべき題材を絞り込むことで，その後のラ
イティング活動が円滑に進められるようになるだろう。

　何のためにマインドマップを使うのか。教師が目的意識を持たずにマイン
ドマップを扱うと，マインドマップ作りそのものが目的になってしまい，そ
の有用性が薄れてしまう恐れがある。マインドマップは描けたものの，実際
の英作文ではそれがほとんど活用されないということにならないように，英
作文で取り入れたい情報は何か，どの情報とどの情報が関連づけられるか生
徒に考えさせ，マインドマップ上で拡散した情報を収束するように方向付け
る必要があるだろう。

（2）キュービング

　キュービングは事物を6つの側面から考察し描写する方法である。日本文化，流行りのもの，新しい技術製品のような読み手に馴染みのない事物や概念を紹介する際に有効である。"cube"は文字通り立方体を表しており，図3-25-2の①から⑥の6つの側面をできるだけ多く取り入れることで多面的に物事を捉えることができ，読み手にもわかりやすい描写が可能となる。

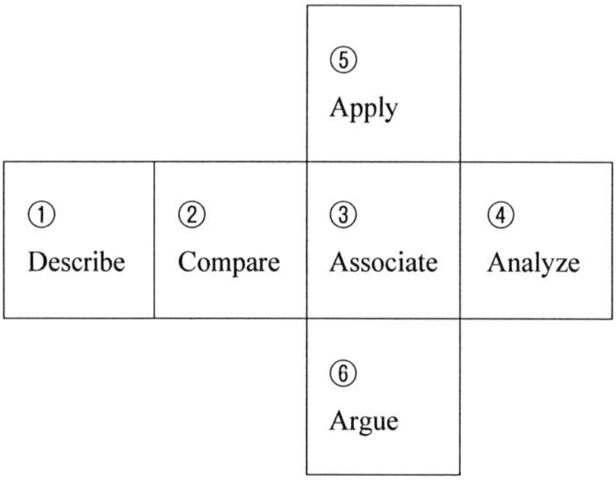

図3-25-2　キュービングの6つの側面（筆者作成）

　①は，扱う事物の定義，由来，見た目，大きさなどを描写する。②は，それと類似するものを取り上げて，両者がどういう点で似ているか比較する。類似点の他に相違点について触れることで，その特徴を際立たせることもできる。比較するものは読み手にとって馴染みのあるものを選ぶ必要がある。③は，事物から連想されるイメージや，特に印象深い事柄，場面，エピソードなど自己と関連付けて伝える。④は，それが何によって構成されているかを分析し，特徴的な部分を取り上げて紹介する。⑤は，それがどのような場面で利用されるか，または応用できるか述べる。それを実際に活用することで，誰にどのような影響を与えるか考えるとよい。⑥は，それの良い点と悪い点の両方について述べる。それについて肯定的な立場であったとしても，ここでは中立的な立場で反対意見や批判もあわせて書く。

　①から⑥までの側面を列挙したものを教師がワークシート上で提示し，生徒は思いついたものから順に箇条書きでメモをしていく。事物の内容によっては，すべての側面を網羅することは難しい場合もある。必要であればインターネットで情報収集させたり，ペアやグループになってアイデアを共有させたりするとよい。

（3）思考ツールを活用したブレインストーミング

　最後にベン図やフローチャートなどの思考ツールを用いて考えを整理する
方法を紹介する。パラグラフの展開パターンは，列挙型，因果型，分類型，
比較対比型，問題解決型，意見理由型など多様だが，それぞれの型に合った
思考ツールを使うことで，書く内容をわかりやすくまとめることができる。
図3-25-3は，Microsoft WordのSmartArt機能を使って作図したものである。

(A)　　　　　　　　　　　　　(B)

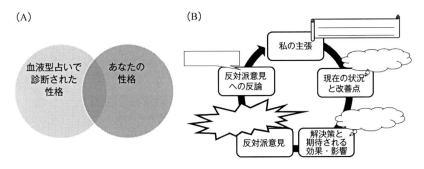

図3-25-3　SmartArtを使った思考ツール例（ベン図とフローチャート）

（筆者作成）

　図3-25-3の（A），（B）は，それぞれ "Do you believe in blood-type personality?",
"Creating Your New School Rules" というトピックで英作文させた際に用いた
ものである。(A) は比較対比型の文章を，(B) は問題解決型の文章を英作
文するねらいで作図した。上図以外の思考ツールもたくさんあり，テンプ
レートが利用できるため容易に作成できる。英作文で取り組ませたいパラグ
ラフの展開パターンを見定め，最適と思われる図表やチャートを自作すると
よい。

（川野泰崇）

Q 26 正確さ，流暢さの向上につながるライティング活動にはどのようなものがあるかを考察しなさい

1．ライティングにおける正確さと流暢さとは

　ライティングにおける正確さは，スペリング，句読法，語法，文法において誤りなく正確にメッセージを伝えることを指す。一方，流暢さは，その捉え方がいくつかあるが，わかりやすいところでは，与えられた時間内にいかに多くの文章が書けるかがその指標の一つとされている。流暢さを伸ばすための活動の留意点として，①簡単で馴染みのある話題を設けること，②文法よりも意味内容を重視することを生徒にも周知すること，③繰り返し行うこと，④制限時間内に取り組ませること，が挙げられる。

　正確さと流暢さを二者択一的に捉えるのではなく，両者を活動の中で組み合わせて同時に伸ばしていくことが大切である。例えば，プロセスライティングでは，ブレインストーミング，下書き，推敲，校正と段階を経て文章を完成していくわけだが，それぞれの活動ごとに指導の重点が異なる。

　ブレインストーミングおよび文章作成の段階では，意味内容を重視し間違いを恐れずにできるだけたくさん書くことを生徒に意識させる。推敲の段階では，内容的に十分な情報を伝えられているか，情報の提示順序は合っているかなど，読み手視点に立ってわかりやすい文章かどうか検討し必要に応じて一部または全部を書き直す。最後の校正の段階では，書いた文章がきちんと読み手に伝わるか英文を見直し，文法的な誤りを中心に修正を行う。このように，一連の書く活動の中で正確さと流暢さの比重を変えながら同時に伸ばしていくとよい。

　正確さや流暢さを伸ばす学習活動は，結果的に相互に良い学習効果をもたらすと考える。流暢さを伸ばすためには，一定レベルの正確さが求められるし，その逆もまた同じことが言える。流暢さを上げるには，文法・語彙知識

を正確かつ自動的に引き出す必要がある。同様に正確さを伸ばすには，既習文法・語彙をとにかくたくさん使ってみることが必要である。そうすることで，自分の誤りの傾向に気付いたり，ことばへの気づきや関心が高まったりするきっかけにもなる。このように，正確さや流暢さの向上を目指した学習活動は，結果的にどちらにも良い効果があると言える。以下，正確さ，流暢さをそれぞれ個別で扱う場合の活動例をいくつか紹介する。

２．正確さを重視したライティング活動とは

（１）ディクトコンポ

ディクトコンポ（Dicto-Comp）とは，ディクテーション（Dictation）と英作文（Composition）を組み合わせた学習活動である。以下にその展開例を示す。読み上げる回数や速度とテクストの分量は，生徒の活動状況に応じて変更するとよい。

① 教師はテクストを複数回読み上げる。1回目は普通の速度で，2回目以降は，1文1文区切ってゆっくり話すなどして読み上げる。

② 生徒はその間，聞こえた内容をできるだけメモする。

③ メモを基に読み上げられたテクストをできるだけ原文に忠実に復元する。

④ 復元した文章をペアやグループで比較し合い，必要に応じて修正する。

⑤ 教師は机間巡視をし，生徒の文法ミスを指摘したり，必要に応じてヒントを与えたりして完成に近づけるようサポートする。

⑥ 生徒は復元した文章を発表し，原文との違いを確認する。教師は言語形式についてのフィードバックを行う。

（２）誤文訂正

文法的誤りがある箇所を指摘し，正しい英語に書き直す活動である。誤文は，教師が予め用意するのではなく，自由英作文などで出てきた生徒の誤文をリストアップし，その中でも頻出する誤りや学年で共通して見られる誤りを取り上げるとよい。活動中は，教師は机間巡視をしながら，必要に応じて間違いの箇所を伝えたり，どのように訂正すべきかヒントを出したりしなが

ら，生徒が自力で訂正できるようにサポートする。また，誤文の提示は，単文レベルから始めて，段階的に，複数文，パラグラフ，テクストと，分量を増やしていく。正しい英文を含んだり，一文に複数の誤りを入れ込んだりするなどして難度を上げながら，最終的に自力で文章校正する力を伸ばしていく。

3. 流暢さを重視したライティング活動とは

（1）文字チャット

ICT機器を使ったライティング活動で，ペアまたはグループを組み，文字チャット上で生徒同士が会話をする。普段の英作文とは異なり，文字チャットは，スピーキングと同じように即時処理が求められる。相手の発言を受けて，その場で速やかにレスポンスをしなければいけないため，時間的なプレッシャーが必然的に生じる。反面，チャットで一度に投稿する発言量は1～2文程度と多くなく，日常的な話題の中で生徒同士が共有したいものを自由に選びチャットすればよいので，内容的な負荷は軽い。高校生以上になると，文字チャット上で社会的な話題について意見を交わすことも可能である。グループチャットで様々な意見を交わした後，論説文に取り組ませるなど，まとまりのある文章を書く前段階の活動として導入することもできる。

（2）ダイアローグ・ジャーナル・ライティング

メッセージのやり取りに重点を置くライティング活動で長期的に継続して行われる。生徒は，日記などの日常生活に関する出来事や最近の興味・関心など，ライティングトピックを自由に設定し英作文をする。教師は，添削や言語面でのフィードバックは一切せず，書かれた内容に対する感想や質問を英語で行う。教師の役割は評価者ではなく，コミュニケーションの相手であることを意識しておくことが大切である。

受け持つ生徒の人数によっては教師がすべての生徒のジャーナルにコメントをするのに時間と手間がかかり，活動の継続が困難になることもある。そのような場合は，生徒同士でジャーナルを読み合ってコメントさせてもよいが，予め誰に見られても良い内容を書くこと，辞書で調べた単語や難しい表

現は注釈をつけることを注意事項として生徒に伝えておく。生徒によるコメントは，日本語の使用を認めるなど柔軟に対応するとよい。

（3）Timed Repeated Writing

　制限時間内に与えられたトピックについて文章を書き，その後，下書きに費やした時間と総語数，そして1分間当たりの語数を記録する活動である。記録を取る前の準備段階として，ライティングトピックに関連する表現を事前学習したり，ブレインストーミングの時間を設けるなどして，言語的・内容的負荷を軽減しておく。1回目のライティングでは，生徒は独力で英作文をする。2回目のライティングでは，文章構成やつなぎ言葉など文章展開に関する事柄を学んだ後，再度同一トピックで英作文をする。3回目のライティングでは，類似トピックで英作文をする。1・2回目のライティングとは扱うトピックが多少異なるため，あらたに事前準備の時間をとる必要がある。

　合計3回分のライティングについてそれぞれ流暢さを計測し記録する。こうした一連のライティング活動を，文章展開パターンやトピックを変えながら長期的に繰り返し継続していく。語数を記録することで流暢さの変化が生徒自身も把握できるため達成感にもつながり，書くことに対するモチベーションを維持することにもなる。

参考文献

Boon, A.（2017）．『Writing for Fluency and Accuracy：2つのアプローチで学ぶパラグラフ・ライティング』東京：センゲージラーニング．

橋内武（1995）．『パラグラフ・ライティング入門』東京：研究社．

木村博是・木村友保・氏木道人（編）（2010）．『英語教育大系第10巻リーディングとライティングの理論と実践―英語を主体的に「読む」・「書く」』東京：大修館書店．

Lintunen, P., Mutta, M., &Peltonen, P. (Eds.)（2020）．*Fluency in L2 Learning and Use*. Bristol: Multilingual Matters.

（川野泰崇）

Q 27　パラグラフ・ライティングの指導とポイントを説明しなさい

1．パラグラフ・ライティングとは？

　英語でのライティングでは，一般的にパラグラフ（paragraph，段落）が文章を書くときの基本である。パラグラフは複数の関連する文で構成され，1つのパラグラフで1つのトピックを扱う。パラグラフには明確な構造があり，トピック・センテンス（topic sentence），支持文（supporting sentence），結論文（concluding sentence）という3つの要素でできている。

　トピック・センテンスは，パラグラフで言おうとしている事柄を端的に表す1文であり，パラグラフの冒頭に示されることが多い。トピック・センテンスでは，パラグラフで論じるトピックが何であるかを示し，そのトピックに関して何を述べるのかを示す。以下の（1a）と（1b）の文は，トピック・センテンスの例である（トピックは太字，トピックに関して言いたい事柄は下線部）。

　（1a）．**Studying abroad** <u>is useful to improve foreign language skills</u>.

　（1b）．**Studying abroad** <u>is a life-changing experience</u>.

（1a）と（1b）ではトピック（studying abroad）は同じだが，言いたい事柄は異なる。（1a）では「留学は外国語のスキルを向上させるのに役立つ。」と述べているのに対し，（1b）は「留学は人生を変えるような経験である。」と述べている。

　トピック・センテンスの次にくる文は，支持文である。支持文では，トピック・センテンスをサポートする情報を提示しながら十分に論じる。そのため，支持文は複数の文から成り，用いる情報量や論じる観点の数に応じて支持文の数は変わる。支持文では，具体例，定義，詳細な解説などを述べたり，データを引用したり，固有名詞を用いて説明したりする。

　パラグラフの最後に，結論文がくる。結論文では，パラグラフで述べた事

柄を要約したり，トピック・センテンスを言い換えて再提示したりする。したがって，パラグラフで述べていない情報を新たに提示することはせずに，既に述べた事柄に関する展望や提案を述べるに留める。このようにすると，パラグラフ内で一貫した1つの主張やトピックを述べることができる。

2．パラグラフ・ライティングをどのように指導するか？

　生徒がパラグラフを書く前に，モデルとなるパラグラフを教師が複数選んで読ませると，生徒が書き方や構成を理解しやすくなる。その際に，トピック・センテンス，支持文，結論文がどこにどのように書かれているかを確認しながら読むように指示するとよい。また，for example, for instance（例えば）やfirst, firstly（第1に），a second reason（2つ目の理由は）などのディスコースマーカー（discourse marker）に着目させると，言語的特徴に関する気づきが得られる。結論文の直前に用いられるディスコースマーカーは重要かつ種類も多いため，教師が事前に複数提示しておくとよい。例えば，to summarize, to conclude, in summary, in conclusion, all in all などがある。

　実際に生徒がパラグラフを書くときには，教師がジャンルやテーマを設定するだけでなく，パラグラフを書く目的や読み手を明示することも重要である。生徒がパラグラフを書き終えたら，各自または級友同士でパラグラフを読み返し，以下の5項目を点検する活動を取り入れるとよい。そうすると，適切に書けているか判断しやすくなり，書き直すべき箇所が明確になる。

　①1つのパラグラフで1つのトピックを扱っているか
　②トピック・センテンスが明示されているか
　③支持文がトピック・センテンスを十分にサポートしているか
　④支持文に不要な情報が含まれていないか
　⑤トピック・センテンスと結論文が呼応しているか

3．パラグラフの抽象度とは？

　文章中に書かれる事柄や情報には，次の例文のように様々な抽象度がある。

（2a）．英語は楽しい。

（2b）．英語を話すことは楽しい。

（2c）．自分の趣味について，友人と英語で話すことは楽しい。

（2a）は抽象度が高く曖昧な表現であるのに対し，（2b）はより具体的でやや抽象度が低い。（2c）は3文中で最も具体的な情報を含んでおり抽象度が最も低い。

　パラグラフでは，各文の抽象度が〈高〉〈中〉〈低〉の3つのレベルにおおむね分かれる（図3-27-1）。ただし，2つや4つの抽象度になることもある。

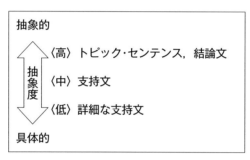

図3-27-1　パラグラフを構成する文の抽象度

（筆者作成）

トピック・センテンスは，パラグラフ全体で述べようとしている事柄を端的に包括して示すため抽象度が高くなる。同様に，結論文の抽象度も高くなる。支持文ではより具体的な情報を述べるため，抽象度がやや低くなる。詳細な支持文には具体例や解説などが含まれるため，抽象度はさらに低くなる。

4．パラグラフの抽象度をどのように整えるか？

　パラグラフ・ライティングの指導では，モデルとなるパラグラフの抽象度を分析する活動や，生徒が書いたパラグラフの抽象度を生徒自身が点検する活動を取り入れるとよい。パラグラフの抽象度を分析した例を図3-27-2に示す。このパラグラフでは，抽象度が〈高〉→〈中〉→〈低〉→〈中〉→〈低〉

A Hawaiian Wedding

The mix of cultures in Hawaii makes weddings there very special occasions. Certainly, Hawaiian clothing, music, and other Hawaiian customs play a big role. For example, the bride often wears a long white *holoku* (wedding dress), and the groom wears a long-sleeved white shirt and pants with a red sash around his waist. Both the bride and the groom wear *leis*. The bride's *lei* is traditionally made of white flowers such as *pikake* (jasmine), and the groom's is made of green *maile* leaves. Another Hawaiian custom is the blowing of a conch shell three times to begin the ceremony. Hawaiian music is played both during the ceremony and during the *luau* afterword. Other customs included in the festivities depend on the ethnic backgrounds of the couple. For instance, there may be noisy firecrackers, a Chinese way of keeping bad spirits away. There may be a display of Japanese origami, or there may be a *pandango*, a Filipino custom. During a *pandango*, the wedding guests tape money together and wrap it around the couple during their first dance together as husband and wife. All in all, a Hawaiian wedding is truly a magical, multicultural event.

図 3-27-2　抽象度の分析例

抽象度〈高〉は二重下線，抽象度〈中〉は一重下線，抽象度〈低〉は点下線。Oshima and Hogue (2007, pp. 38-39) から文章抜粋。下線は筆者。

→〈高〉の順番になっており，適切に調整されていることが分かる。

　抽象度の分析や点検では，抽象度別に異なる下線を引いたり，色分けしたりするとよい。生徒が書いたパラグラフに抽象度の高い文ばかり含まれている場合は，具体的な情報を加えるよう指導する。一方，抽象度が低い情報ばかり含まれている場合は，トピック・センテンスと結論文を明示するよう指導する。文の抽象度を意識してパラグラフを書くように促す指導が望ましい。

参考文献

Oshima, A., & Hogue, A.（2007）. *Introduction to academic writing*. New York: Pearson Education.

（大野真澄）

Q 28　どうやって単語を覚えると忘れにくいかを述べなさい

1．一夜漬けは本当にダメなの？

　単語を覚えることは英語学習において避けて通ることはできない。英語を使って学術的な内容でコミュニケーションをとるためには，まず2000語を習得すべきだとも言われている（Nation, 2001）。では，これらの単語をどのように覚えると効率的なのだろうか。

　単語の学習方法には大きく分けて2つの種類がある。1つは意図的語彙学習であり，「単語を学ぼう」という意識を持って学ぶ方法のことである。もう1つの方法に偶発的語彙学習がある。偶発的語彙学習とは，単語を学ぶという目的ではなく，例えば内容を理解しようとして英語を読んだり聞いたり

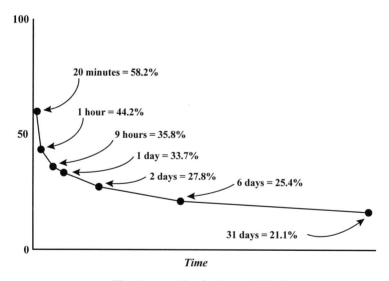

図3-28-1　エビングハウスの忘却曲線

（出典: Ebbinghaus,1885を元に筆者作成）

する中で単語を学ぶことを指す。偶発的語彙学習は，第一の目的が単語の学習ではないため，短時間でより多くの単語を学習するという点では偶発的語彙学習よりも意図的語彙学習のほうが効果がある。

　意図的語彙学習には暗記の側面もあるため，テストの直前などに一夜漬けで覚えようとする人もいるだろう。一夜漬けでは短期的には効果があるかもしれないが，長期的な効果はあまり見込めない。それはなぜだろうか。記憶に関する「エビングハウスの忘却曲線」と呼ばれるグラフがあり，これを図3-28-1に示す。このグラフによると，覚えたことは時間が経つにつれて忘れていってしまい，時間が経てば経つほど同じものをまた覚えるまでに時間がかかる。そのため，一回しか学習していないものは定着しにくい。

２．効果的な学び方とは

　一度覚えても時間が経つほど忘れてしまう可能性が高くなるため，分散学習をすることが効果があると言われている。分散学習とは「ある学習項目を間隔をおいて複数回繰り返す」（中田，2019）学習方法であり，間隔をおかずに繰り返して学習する集中学習と区別される。中田（2019）では3分間隔での学習や6分間隔での学習が，間隔を空けない学習や30秒間隔での学習よりも有効であったという研究がまとめられている。

　また，単語を覚える際には意味の関連が強すぎる語を同時に覚えないことも大切である。例えばrightとleftを同時に覚えようとすると，「rightは左じゃないほうで，右だ」のように考えなければならなくなる。そのため，意味の関連が強い単語は，まずどちらか一方の単語を覚えてから，もう1つの単語を覚えるようにするとよい。

参考文献

Nation, I. S. P.（2001）. *Learning vocabulary in another language*. Cambridge University Press.

中田達也（2019）.『英単語学習の科学』東京：研究社.

（星野由子）

Q 29　単語が使えるようになるための指導を説明しなさい

1．授業における単語指導

（1）フラッシュカードは自作しよう！

　単語の指導においてよく使用されるのがフラッシュカードであろう。教科書準拠のものを購入することが多いと思うが，新出単語ではない既習の単語も生徒には身についていないことがよくある。そのため，新出と既習の単語を色分けするなど生徒の実態に応じてカスタマイズして指導できるよう，フラッシュカードは自作することをお勧めしたい。

おもて面　　　　　　うら面

図3-29-1　フラッシュカード（筆者作成）

　作成の際は，図3-29-1のように英語のスペルと日本語の意味を上下反対に書くことを忘れずに。これによりひっくり返して意味を提示することや，日本語から英語を言わせる作業をスムーズに行うことができる。

（2）フラッシュしないフラッシュカードはフラッシュカードじゃない！

　フラッシュカードはスペルを残像として生徒の視覚に訴えるものなので，フラッシュさせなくてはその意味がない。具体的にはフラッシュカードの束の1番上に白紙のカードを1枚乗せておき，素早くフラッシュさせるのである。最後におまけのように行われることの多いこのフラッシュこそが実はフラッシュカードのメインである。発音や意味の指導などはオーラルイントロダクションなど主に導入段階で行い，この段階では確認程度で済ませるべき

であり，フラッシュカードを使って，単語の意味・読み・スペルの指導をすべて行うような指導は生徒の負担という点からも避けるべきである。

２．授業外でも生徒に単語学習をさせる工夫を！

単語の学習はcumulative processと呼ばれるように，授業内だけでなく，家庭学習など授業外でも生徒に単語の学習をさせる工夫をすることが大切である。ただ勉強してきなさい，ちゃんと覚えてきなさいという指示だけではなく，適切な学習方法を提案できる教師でありたいものである。語彙の研究者であるPaul Nationは単語学習の効果的な学習方法のひとつとして単語カードを推奨している。一見すると古典的に思われがちなこの手法も以下のような適切なプロセスを踏むことで，非常に効果的な学習方法となる。

STEP1：普段持って運べるように，小さいサイズのカードを用意する。自分が無理なく覚えられる枚数ごとに輪ゴムでまとめる

STEP2：単語のスペルを片面に，日本語訳を反対の面に書く。単語帳やノートのように，英語と日本語が同時に目に入る状況では，単語はなかなか覚えられない。

STEP3：まずは，スペルを見て意味を言えるかどうかチェックする。意味を思い出せなければ，裏を見て意味を確認する

STEP4：意味をスムーズに言えた場合は，束の最後にカードを移す。思い出せなかったり間違った場合は，束の真ん中あたりに差し込む

STEP5：STEP1~4を何度か繰り返す。どうしても覚えられない単語は，次の束に移して，できるまで練習を繰り返す。

STEP6：スペルを見て意味が言えるようになったら，ひっくり返して，日本語を見て英語を言えるようにSTEP1~4の方法で練習する。

単語カードのメリットは手軽に持ち運べて，いつでもどこでも学習できることである。繰り返しが重要な単語学習において，登下校中のバスの中や休み時間，就寝前などちょっとした時間に利用できる単語カードは理にかなったものである。是非お試しいただきたい。　　　　　　　　　（佐藤　剛）

Q 30　新出文法事項は，どのように導入したら良いかを述べなさい

1．新出文法事項の導入例

次の例は過去形を学習した後に過去進行形を導入する場面である。

T: What did you do on New Year's Eve last year?　I cleaned my room and went shopping.　How about you?　(Asking some students)

T: How about midnight, when the new year began?　What were you doing? When the new year began, I was watching TV.　But at that time, my daughters were sleeping.　How about you, S1?

S1: *I watched TV, too.

T: Oh, you were watching TV too when the new year began.　Everyone, what was S1 doing when the new year began at midnight?

Ss: He was watching TV.（ここで全体に繰り返させたり，個人を指名して言わせたりする）

T: How about you, S2?　What were you doing at midnight on the New Year's Eve?

S2: I … was … using my smartphone.

T: Oh you were using your smartphone!　Were you talking with your friend? …

2．新出文法事項を導入する際の留意点

（1）生徒とのインタラクションを大切にし，「帰納的に」導入する

「今日は現在完了を学習します。現在完了とは……」というような説明はわかりやすいように見えて，導入としてはあまり好ましくない。こうした説明は教師の一方的な説明になりがちなため，生徒も受け身で授業を受けることになってしまう。上の例のように生徒との英語でのやり取り（インタラク

ション）を通して導入することが主体的な学びを実現する上で重要である。

　また，1．の導入例のように自然な文脈の中で新出文法事項の含まれる文を導入することで，生徒が文の意味・形式・機能について推測したり気づいたりと，思考しながら学ぶことができる。

（2）新出文法事項が用いられる必然性のある自然な文脈の中で導入する

　何の文脈もないまま教えたい文だけを紹介し，教師の後について言わせたりするような導入は避けたい。その文法事項を含む文がどのような場面で用いられるのかを理解するためには，教師が適切な場面を設定し，その文法事項が使われる必然性のある文脈の中で導入したい。例えば1．の導入例であれば，大晦日に行ったことは過去形で語るのに対し，「年越しの瞬間」という特定の時間を話題にすることで過去進行形の文を提示する必然性が生じる。

（3）既習事項を上手に活用して導入する

　新出文法事項を導入するための場面設定は既習事項を用いて，生徒が理解可能な英語で行う。また，既習事項と新出事項を上手に対比させることで，新出事項の意味，形式，機能をより鮮明に提示することができる。例えば1．の導入例であれば，「大晦日に行ったこと」と「年越しの瞬間に行っていたこと」を話題にすることで，生徒が過去形との対比の中で過去進行形の意味・形・機能に気づきながら文を口にすることが出来るように工夫している。

（4）導入での気づきを整理する場面を作る

　帰納的な導入は上記のような生徒の気づきを促し，生徒が主体的に思考する一方で，自分の気づきや理解した内容が正しいのかどうか判断することが難しい。その為，生徒がある程度理解できたら母語によって意味・形式・機能を確認する場面を作る必要がある。ただし，その際も教師の一方的な説明をするのではなく，「今回出てきた形は過去形とは何が違うと思う？」などの問いかけによって生徒の気づきを引き出しながら理解したことを整理していく。

（栖原　昂）

Q 31 文法事項が定着，活用できるための指導を説明しなさい

1．文法導入時の指導

言語習得過程で「聞く→話す→読む→書く」の段階を経ることが重要であることは，英語教授法の観点からも明白であるため，新出事項の導入時は，音声での指導を徹底する。その際，文脈や使用場面を意識し，生徒自身の気付きや想像力を大切にしたい。また，聞いて声に出させることで，より長く効率的に頭に残せるようにする。十分に聞かせた後は，形，意味，使用場面や機能を簡潔に日本語で説明し，確実に理解させた上で活用につなげたい。

（1）canの導入例　場面：姉の紹介

現在形を併用し，canの意味や動詞が原型になることに気づかせる。

My sister is a teacher. She teaches English at high school. So, she <u>can speak</u> English. She <u>can speak</u> English well. Also, she studies Spanish every day. So, she <u>can speak</u> Spanish too. Her hobby is dancing. She <u>can dance</u> well.

（2）There is / There areの導入例　場面：群馬県の観光地紹介

存在を初めて伝えるために使うことが多いという特徴を伝えるため，There is / There areの文を羅列するだけの提示は避ける。

<u>There is</u> a world heritage site in Gunma. It is *Tomioka* silk mill. Many people visit there. <u>There are</u> some amusement parks near *Tomioka* silk mill. One of them is a safari park.

2．基礎基本の徹底

新出事項を理解した後，その事項を含んだ文を自分で作れるようにするための練習時間を確保する。具体的には，語句の置き換え，疑問文や否定文等への形の変換を行うパターンプラクティスや，定型会話を使っての練習である。機械的に声を出すだけの活動にしない，不自然な文を言わせない，実在

する人物や教科書の登場人物を使ってリアリティをもたせる，を意識し，視覚教材を使用して場面を想像しやすくする。定型会話練習では，"Is Mr.Ueda a science teacher?" という質問に，"No, he is not. He is not a science teacher. He is an English teacher." と，まずは短縮や省略しない形での定着を図り，立場や場面に合わせ自ら形を選んで言えるようにする。さらに，教師がテンポよくキューを出し，短時間で効率のよい練習とすること，間違いはすぐに指摘し直させること，全体練習後には個人で言わせ，正確に言えているか確認をする。

3．教科書の活用の工夫

教科書本文は，文脈・場面設定が綿密に考えられた上で新出事項が組み込まれており，本文を使った統合的な活動は，新出事項の定着，活用の絶好のチャンスである。1パートを2時間で行う場合（図3-31-1参照），1時間目は新出文法事項のみを扱う授業，2時間目は教科書本文の理解と音読練習程度の授業となることが多い（A）。実際は1時間で文法事項が身に付くことはなく，活用まで至るには，Bの流れが望ましく，この形で繰り返し行うことで場面や時間を変えて何度も新出事項に触れさせ，活用させたい。

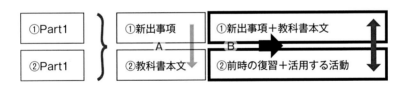

図3-31-1　教科書の1レッスン中の1パートの授業計画

（筆者作成）

参考文献

樋口忠彦・髙橋一幸（編著）（2015）．『Q&A 中学英語指導法辞典　現場の悩み152に答える』東京：教育出版．

金谷憲（編集代表）．青野保・太田洋・馬場哲生・柳瀬陽介（編）（2009）．『英語授業ハンドブック』東京：大修館書店．

（中島真紀子）

Q 32　発音指導（音素，文単位）で大切なことを述べなさい

1．個別音素の指導のポイント

　インプットおよびアウトプットの両面において，話し言葉を適切に処理してコミュニケーションに生かすために，発音指導は重要な基礎項目の1つと言える。英語でやり取りをするためには，英語インプットを理解できるだけではなく，相手にわかりやすく伝達するためにも，適切な発音の指導が重要となる。

　よって，英語の発音については，聞き取りができるだけではなく，学習者自らが発音できるように，アウトプットの点からも指導することが必要である。その際，重要となるのは，第1に，個々の音素の発音のメカニズムの基礎を理解してもらうことと，そしてその際に，日本語発音の知識や図解・動画を活用すること，2点目として，単語を超えたフレーズや文レベルでの発音指導を行うことである。

　まず，個別の音素については，日本語で代用して問題ない音はその知識を活用し，大きく異なる音についてのみ，その違いに注力して指導するといいであろう。例えば，日本人が苦手とする/l/と/r/を比較すると，舌先が上の歯茎部分に付く（ただし，歯に接触してはいない）のが/l/であり，付かないのが/r/である。

　そこで，日本語の「ラ行音」を使って「落語」「リンゴ」「留守」などを生徒に発音させ，語頭のラ行音では舌先が歯茎部分に接触しているかどうかを確認させてみよう。すると，日本語ラ行音では，舌先が軽く上の歯茎に接触していることがわかるはずである。つ

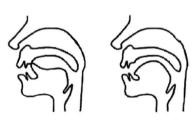

図3-32-1　/l/（左）と/r/（右）発音の舌先の位置（筆者作成）

まり，ラ行音の発音メカニズムは/l/に近く，/l/をラ行音で代用してほぼ問題ないと言える（ただし，ローマ字表記ではラ行音にLではなくRを使っているので混乱しやすい）。

このように，日本語のラ行音で代用できる/l/に対して，/r/の方は舌先が歯茎につかないように意識させる必要がある。この場合，/r/音の前に小さな「ウ」を挿入し，例えばredなら「ゥレッド」のように発音させるとうまくいくことが多い。これを理解させた上で，ミニマル・ペア（minimal pair；1つの音のみが異なる単語のペア；最小対立ペア）となる単語を使って両者の区別を練習させるとよい。例えば，以下のようなものである。

collect / correct, light / right, lock / rock; play / pray

また，上例で見たように，個々の音素の発音については，適宜，教科書や参考書，辞書に掲載されている口腔図やインターネット上の発音メカニズムの動画を使用しながら指導をするとよいであろう。

２．文における同化現象指導のポイント

コミュニケーション指導を目標とする場合，個々の音素や単語の発音よりも，むしろそれより大きな単位である句や文での発音が重要であることが多い。そこで問題となるのは，単語と単語が結びつくことで一部の発音が変化する同化現象であり，これが英語のリスニングやスピーキングの適切な処理に大きく影響することがある。例えば，生徒がHave a good time.を「ハブ・ア・グッド・タイム」のように，個々の単語を分離して発音し，かつ子音の後ろに母音を挿入することに慣れてしまうと，それが相手にうまく理解されないだけではなく，リスニングにおいても適切な発音が理解できない状況が生じ得る。こうした場合，生徒に対しては，goodが「グッド」という発音よりは，むしろ「グッ・」(「・」は空気の流れを止める音声閉鎖を示す)に近いこと，have aはhaveの最後の音/v/とaの発音/ə/（弱い「ア」）が結びついて「ハバ」となること，よって全体は「ハバグッ・タイム」に近い音なること　を，適宜カナ表記を使って示すといいであろう。

このように，日本人学習者にとっては，単語より大きなレベルでの発音指

導がインプットでもアウトプットでも重要となる。その際，特に注意すべき同化現象は，以下の3点である。

①語末の子音と語頭の母音は発音上結びつく。

Come again.（カマゲン） I had a nice day.（ハッダ）

/m+ə/ /d+ə/

②/p t k b d g/は，息を止めた上で勢いよく放出するために閉鎖音と呼ばれる。この6つの音は他の子音の前，または文末では，空気の流れを止めただけで十分に破裂させないで終わることがあり，そのためにほとんど聞こえなくなる（（ ）内の音は閉鎖だけで破裂していないことを示す）。

I could pass.（クッ・パス） Buy it.（バイイッ・）

/(d) + p/ /(t)/

③上記閉鎖音のうち，/t/は舌先を歯茎に付けて息を止めるため無声歯茎閉鎖音と呼ばれる。この舌先の動きは図3-32-1の/l/とほぼ同じであるが，/t/は後ろに母音が来ると，十分に息を破裂させる時間を取れないまま空気の放出が始まり声帯が震えるため，/l/に近い音になる。

Cut it out!（カリラウ・「やめて」） Get it?（ゲリ・「わかった？」）

/ti/ → /li/, /tau/ → /lau/ /ti/ → /li/

このような同化現象に慣れ親しんでおくことで，リスニング教材の理解がしやすくなったり，相手にわかりやすい標準的な英語で発音することができるようになる。このように，インプットおよびアウトプットの両面において英語音声処理を適切に行う意味でも，こうした同化現象に慣れておきたい。

3．文におけるストレスとイントネーション指導のポイント

その他の文レベルでの発音ポイントとしては，ストレスとイントネーションが重要と言える。まず，ストレスについては，基本的には，内容語（名詞，動詞，形容詞，副詞等）は強く読み，機能語（前置詞，接続詞詞，代名詞等）は弱くなる。例えば，①の文において，強く読まれるのは②の大文字部分である。

① We have to make our beds.

② we HAVE to MAKE our BEDS.

また，否定部分や比較部対象分も強く読まれる。

③ I DIDN'T make my beds.

④ I met her IN the park, NOT OUTside the park.

次に，イントネーションについては，平叙文の文末が下降調で発音されるのに対して，yes/no疑問文は上昇調となる。ただし，WH疑問文は，通常，平叙文と同様下降調となる。

⑤ You slept well. (↘)

⑥ Did you sleep well? (↗)

⑦ Why did you sleep well? (↘)

さらに，A, B, and/or Cのように，コンマによる切れ目部分も軽く上昇調で発音することで，後続する項目があることを示し，発音が理解されやすい。

⑧ I drank coffee (↗), tea (↗), and cola.(↘)

発音練習の初期段階では，こうした点に留意して教科書本文の朗読を行い，それを発信活動の際にも応用するといいであろう。

このように，発音指導においては個々の音素や単語の識別も重要ではあるが，常にこれが円滑なコミュニケーションに役立てるスキルであるという観点を持つといいであろう。

参考文献

磐崎弘貞 (2018)．「第11章スピーキング」．望月昭彦・久保田章・磐崎弘貞・卯城祐司．『新学習指導要領にもとづく英語科教育法（第3版）』(pp. 135–147)．東京：大修館書店．

竹林滋・斎藤弘子 (2008)．『新装版英語音声学入門』．東京：大修館書店．

Ladefoged, P. & Johnson, K. (2014)．*A course in phonetics (7th ed.)*. New York: Wadsworth.

（磐崎弘貞）

Q 33　音読の役割と指導のバリエーションを説明しなさい

　生徒が英語を音読する場面として，「英語の授業中」，「音読テスト」，「自宅で行う宿題」などが挙げられる。指導者はその都度，音読の意図を明確にする必要があり，また生徒にもその点に意識を向けさせることが重要である。音読が行われる役割は3つに大別でき，それぞれ計7つの音読法とその指導を紹介する。

1．発音指導のため

　機内で「水をください」という意味で "Water, please." と言ったつもりが通じず，仕方なく "Orange juice." に変更したとの笑い話のようなエピソードがある。これは日本語のカタカナの発音「ウォーター」と英語の発音 [wɔtər:] が実際にはだいぶ異なっていることが原因の1つであるように思う。日本語のカナカナ表記が英語学習に役立つこともあれば，このように逆に習得の妨げになることもある。そして，この "-ter" を正しく発音するためには，閉鎖音と半母音の組み合わせの「調音法」で，また歯茎の「調音点」で発音しなくてはならない（窪薗, 1999）。指導者は音声学・音韻論の知識を持っているだけでなく，生徒にとって分かりやすい言葉で説明する役割も担っている。

　授業内の音読では，こういった発音のほか，語アクセント，リズム，イントネーション，音の脱落・同化・連結，意味の区切れ（チャンク）におけるポーズなどを指導する（詳細はQ32を参照のこと）。ただし，ここで重要なのは，文または文章の内容理解が終わった後で行うという点である。なぜならば，単語の発音やアクセントのみであれば語彙の導入時でも可能であるが，特にイントネーションやポーズは文または文章の意味と密接に関連しているためである。なお，音読テストでは，これらの要素が音読パフォーマンスにおいてどの程度正確にできているか確認することになる。

　授業などで良く行われる音読活動として，①～③が挙げられる。

108

① repeating：文字を見ながらCDや教師のモデル音声に続いて読む音読法。

② overlapping（別称parallel reading）：文字を見ながらCDや教師のモデル音声とほぼ同時に声に出して読む音読法。

③ buzz reading（別称free reading）：文字を見ながら一定の時間内に自分に合った速度で個別に声を出して読む音読法。

２．リスニング及びリーディング能力の向上のため

音読を一定期間継続して行うことで，将来的にリスニング及びリーディング能力の向上に効果があることが門田（2007）らをはじめ最近の研究で分かってきている。その音読法は，shadowingをはじめ以下の3つである。

④ shadowing：CDなどの音声を聞いて，それとほぼ同時かまたは1秒程遅れて記憶を頼りに繰り返す音読法。文字は一切見ないで行う。

⑤ listen & repeat（別称repetition）：CDや教師のモデル音声を聞いて，ポーズの間に記憶を頼りにそれを繰り返す音読法。モデル音声を聞く間も，それを繰り返す間も文字は一切見ない。

⑥ read & look up（別称look up & say）：教師の "Read." の合図でテキストのチャンクに目を落として黙読し，"Look up" の合図で顔を上げて記憶を頼りに発声する音読法。

これらはいずれも「記憶を頼り」に行う，つまり記憶に負荷のかかる音読法である。そして記憶の種類で言うとワーキングメモリである。ワーキングメモリとは，従来の短期記憶の概念を発展させたもので言語の処理や保持に「音韻ループ」を想定している点が特長となっている（清水, 2013）。そして，音韻ループはさらに「音韻ストア」と「構音リハーサル」の2つの過程に分けられ，刺激が音声で呈示される（④や⑤）とそれは音韻ストアに直接入力され，刺激が文字で呈示される（⑥）と構音リハーサル過程で音韻符号化の処理が加えられてから音韻ストアに入力される。その為，④〜⑥の音読法が学習の一環として継続して行われるとワーキングメモリの音韻ループが鍛えられ，結果としてリスニングの流暢さの能力に効果があると考えられている。加えて，⑥の音読法は，初めは文字で提示されていることから，構音リ

ハーサル過程で音韻符号化の処理が行われる。文字を見て瞬時にそれを音として再現するこのプロセスは，実は私たちが文章を黙読する際にも自然に頭の中で行っていることであり，このことから⑥はリスニング能力のほか，リーディング能力にも効果があると考えられている。

　これらの音読を教室で行うにあたっての留意点として，一点目は，④や⑤のモデル音声は，CDなどを利用してできるだけ英語のナチュラルスピードに近いもので行いたい。なぜなら，モデル音声が50wpmくらいのゆっくりしたものでは，もはや学習者のリスニングの流暢さを引き出すような活動とは言えないからである。前述の音韻ストアで情報を保持できるのはわずか約2秒間とされている。そのため，これら音読活動では短い間にできるだけ多くの音声を記憶に貯め，それを爆発的に吐き出すといったイメージの活動を想定している。学習者にとっては認知的に負荷の高い活動であることから，とりあえず音にだけ注意を向けるようにとの指示になる。二点目は，「一定期間継続して」とはいったいどれくらいかとの問題がある。例えば，玉井の研究では，④を週1回（50分間又は90分間）3ヶ月から3ヶ月半実施した時点で効果があったとの報告がなされており，これが1つの目安になる。なお，初めは授業で取り組ませ，残りは家庭学習にする方法でも良い（清水，2013）。

3．スピーキングへの橋渡し及び語彙知識の獲得のため

　最後に，文字を見ないで行う音読法としてrecitation（暗唱）がある。
⑦ recitation：主に音読練習を繰り返すことによって，最終的にテキストを
　　暗記してそれを正確に唱える音読法。
　この音読はスピーキングの前段階としてとらえられる。スピーキングが基本的に「伝える情報が話者の考えを反映し，場面に応じて行われる」のに対して，recitationは「決められたテキストを事前に暗記して発話する」。発話の内容に違いはあるにせよ，英語を音声で相手に伝えているという点，また発話の際に文字を見ないという点で共通している。
　そして，暗唱に向けての準備で「音読練習を繰り返す」ことは，まさに

ワーキングメモリ内の情報を長期記憶に転送しようとする構音リハーサルである。音読を繰り返し行うことで長期記憶に語彙や英語の慣用句の情報が入るということは，語彙や慣用句の知識の獲得につながる。語彙知識や慣用句の知識は英語能力を形成する基礎であり，また4技能全てに関わるものである。

　そして，この暗唱に至るまでの補助として楠井（2011）ではキーワードの一部を空所にして省いた虫食いの補助プリントを配布し，省かれなかった語（句）をヒントに生徒に空所を自分で埋めさせながら全文を音読させる方法などが紹介されている。これは，scaffolding（足場づくり）として有効な方法であろう。

　なお，これらの音読法以外にも，書き手の伝えたい内容のほか読み手の解釈も加えて聞き手に知的・情緒的・審美的一体を伝える作品音声解釈表現法としてのoral interpretationがある。読みの表現活動として言語教育にも応用可能である（近江, 2003）。

参考文献

門田修平（2007）.『シャドーイングと音読の科学』東京：コスモピア.

窪薗晴夫（1999）.「音声学・音韻論」.西光義弘（編）.『日英語対照による英語学概論（増補版）』（pp. 1-46）.東京：くろしお出版.

楠井啓之（2011）.「音読：授業中に行う音読のバリエーション」.卯城祐司（編）.『英語で英語を読む授業』（pp. 115-119）.東京：研究社.

近江誠（1984）.『オーラル・インタープリテーション入門』東京：大修館書店.

清水真紀（2013）.「音読と正確さと流暢さ：ワーキングメモリの観点から」.『英語教育』2013年10月号（16-18頁）.東京：大修館書店.

（清水真紀）

Q 34　総合的・統合的な活動を説明しなさい

1．そもそもなぜ総合的・統合的な活動が必要なのか？

　私がまだ採用されて間もない頃，指導主事の先生から「モザイク授業はやめるように」とアドバイスされたことがある。当時の私がよく「Now, let's enjoy the next activity.（さぁ，次の活動を楽しみましょう！）」という指示を出していたことに対するものであった。つまり，「なぜこの活動をここでやるのか」「その指導が次の活動にどう繋がっていくのか」言い換えれば活動間の「必然性」について考えた授業設計がなされていなかったのである。

2．活動間の「必然性」を考える

（1）授業の始まりに日付・曜日・時間・天気などを聞くことに必然性は？

　私が尊敬する先生から，「曜日と日付を確認することから授業を始めることが多いと思うが，何のためにやっているのか？」と助言されたことがある。

　そこで，私は「今日は何の日」という活動を帯活動として毎時間行っていた。具体的な指導手順としては，曜日と日付を確認した後，教師が今日は何の日であるかについて，英語でスピーチを行い，その後，ペアでそれについて，1分間会話する。最後は，数名を指名して教師と会話をする活動である。ここでは「聞く」から「話す」の統合があるのだが，これによって

　①その日の記念日や，出来事を紹介するために，曜日と日付の確認をする

　②「何の日」であるのか教師の話を聞いてペアで話すテーマを理解する

　③教師のスピーチの中で自分も使えそうな語彙や表現を取り入れる

　という必然性を持たせることができる。まして，ペアワークの後は，教師と会話しなくてはいけないので，1分間のペアの会話もそのための練習としての必然性を持つのである。

　具体例として，11月1日の授業の様子を書き起こしたものと，使用したス

ライドを以下に示す。

T: What's the date today, Ms. Ashita?

S2: It's November 1.

T: Good job. OK, what is today's special event? I'll give you some hints. I like this animal very much. I keep this animal as a pet. His name is Kojuro.

S3: こじゅうろうって確か…あっ！犬だ犬！

T: That's right. Today is dogs' day. Can you guess why?

S: う〜ん

T: OK. Look at today's date. November 1 is 1-1-1. We read "1" as one, so…

S4: わんわんわんだ！

T: That's right! Dogs are very popular as a pet. I like dogs very much but some people like cats. Do you like dogs or cats? Talk with your partner.

図3-34-1　犬か猫か（筆者作成）

この日はディベートを行う授業であったので，生徒には犬と猫のどちらが好きかについてペアで対話してもらった。その後，生徒を指名し以下のように筆者相手に会話を行った。

T: Hello, Ms. Kawamoto.

S5: Hello, Mr. Sato. Today is dogs' day but I like cats. Do you like cats?

T: I'm sorry, but I like dogs. I have a dog.

S5: Oh, you like dogs. Why?

T: Well, they are cute and smart. They can do many tricks; 芸 in Japanese.

S5: でも，う〜ん，but 散歩…

T: "Walking a dog"

S5: Walking a dog う～ん，めんどくさい

T: "bothering" or you can say "hard".

S5: Walking a dog is hard.

T: That's true, and sometimes it's bothering. I got up at five o'clock this morning.

さらに3年生になると，話したことを書かせるというように「聞く」→「話す」→「書く」の統合を図る。これによって，ちょっと話しにくいテーマ，書きにくいテーマであっても，何とか表現しきる力を育てることができる。

（2）教科書の音読に必然性はあるか？

教科書の音読は，多くの英語の授業で取り入れられている活動の1つである。しかし私の経験上，「必然性」もなくただ「教科書を読みなさい」と指示するだけでは生徒はなかなか前向きに音読に取り組まないことが多かった。さらに導入として行われるオーラルイントロダクションについては，「これから教科書を開いたらわかることをなぜわざわざ事前に説明されるのか？」と生徒は聞く必然性を実感することは難しい。そこで，実施したのがリプロダクションである。これは音読活動のまとめとして本文の概要を生徒が自分の言葉で発表する活動である。これにより，オーラルイントロダクションを「聞く」→教科書を「読む」→その内容を「話す」の統合を図る。

1時間目
①オーラルイントロダクションで本文の概要・重要語句や表現を説明
②単語の意味と発音の確認および練習し，教科書の音読活動
③黒板を写真に撮り，以下のようなプリントにして配布し，生徒はそれを使って家で発表の練習をする
2時間目
①教師がもう一度オーラルイントロダクションをして最終確認
②ペアで発表の練習の上，数名を指名して，クラスの前で発表させる

具体例としてある生徒の発表を書き起こしたものを紹介する。

Hello, everyone. Look at the board. This is Lisa. This is Joey. They are good friends. They sometimes go home together after school. Joey can't sleep well. Joey is in love with a girl. I don't like couple. Thank you for listening.

図3-34-2　生徒に家庭での練習用に配布するプリント（筆者作成）

　この活動を行うようになって，生徒はオーラルイントロダクションを顔をあげて聞くようになった。発表のモデルとして聞く必然性があるためである。また本文を音読ができないでは，要約もできないので，音読にも一生懸命に取り組むようになった。何より上の「僕はカップルが嫌いだ」というウケをねらった発言からも分かるように，生徒はこの活動をとても楽しみしていた。

3. 「総合的・統合的活動」に必然性はあるか？

　私が大切にしている言葉に「生徒の目線に立つこと」というものがある。私はこれを常に生徒の気持ちに寄り添った授業を行うことだと理解している。我々は「よくやられる活動だから」や「自分はこうやって教わったから」とその意味や必然性を十分に生徒に示さないままに伝統工芸的に授業を構成しがちである。総合的・統合的な活動は，前後の活動を関連づけ，それによりその活動に必然性を持たせることになる。活動の意味を実感して初めて生徒は意欲的に授業に取り組むのだと思う。この意味において総合的・統合的活動は「生徒の目線に立つ」を具現化するものに他ならない。

（佐藤　剛）

Q 35　重くならない発表活動の工夫はどのようなものかを述べなさい

１．重くならない発表活動の特徴

　ひと昔前の英語による発表活動と言うと，生徒が与えられた題材について作文し，教師から添削を受けたものを暗記し，全員の前で発表する，というやり方が主流であった。これは生徒・教師双方にとって労力的にも精神的にも「重い」活動になる。こういう準備された活動ばかりを行っていると，近年重視されている「即興性」を伸ばすことができない。話す力を伸ばしたいのなら，生徒に繰り返し即興で話をさせることが大切である。こうした即興的活動をつくるために重要な点を以下に3つ挙げる。

（１）準備に時間がかからないこと

　教師の側からすると，ハンドアウト作成などの必要がなく，いつでもすぐ行える活動が良い。生徒にも準備させることなく，即興で取り組ませる。

（２）生徒の心理的負担が少ないこと

　まずは正確性よりも流暢性を重視することである。間違えてもいいからどんどん発言するという雰囲気をクラスの中に醸成しておくことが肝要である。心理的な負担を減らすには，ペア活動やグループ活動を多用することである。全体に発表させる前に，ペア，グループといった手順を踏むと，発言への抵抗感は減る（この手順を Pyramid Procedure という。図3-35-1参照）。

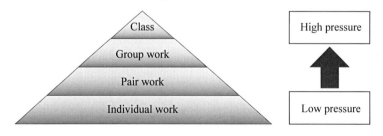

図3-35-1　Pyramid Procedure（筆者作成）

（3）楽しく取り組みやすいものであること

活動は生徒が楽しく取り組めるものが良い。手順が簡潔で，詳細な説明が要らないものが望ましい。そうした活動であれば生徒も飽きない。

2．活動例

（1）Small Talk in Pairs

まず教師が身の回りの話題について英語で話をする。最近気になっているニュース，体験談，最近見た映画やテレビ番組，読んだ本など何でも構わない。その後，"What do you think?" や "How about you?" などと生徒に質問を与え，ペアで1分程度話合わせる。その後何人かを指名して意見を言わせる。

（2）Paraphrasing（言い換え活動）

これから読む英文パッセージ中のキーワードとなる単語を，英語で言い換えさせる活動である。生徒をペアにして，そのうち一人だけが黒板を見て，もう一人は目をつぶるように指示する。次に教師が教科書本文からいくつかのキーワードを抜き出し，黒板に書く。キーワードを見ている生徒には，その単語自体を言わずに英語で相手に説明するよう指示する。生徒全員を立たせ，説明を始めさせる。相手が黒板に書いた単語をすべて言えたら，座らせる。役割を交代してもう一度行う。

（3）60秒/50秒/40秒

流暢性の伸長を狙ったスピーキング活動である。教師がMy favorite star, Something you enjoy in your free time など身近なテーマを生徒に与え，ペアの相手に英語で話させる。最初は60秒，2回目は50秒，3回目は40秒で，パートナーを変えながら3回連続で行わせる。終了したら，聞き手と話し手の役割を交代し，今まで聞き手だった生徒にも連続して3回行わせる。

参考文献

望月正道・相澤一美・笠原究・林幸伸（2016）．『英語で教える英語の授業：その進め方・考え方』東京：大修館書店．

（笠原　究）

Q 36 話す書く，そして聞く読む活動での 「やり取り」を説明しなさい

1．やり取りとは

　話すことを求める言語活動は，話し手が一定時間発話機会 (ターン)を維持できる発表形態で起こる場面と，二人以上で言葉のやり取りを行う形態で起こる場面で活動が設定できる。どちらの形態であっても，場面や話題にふさわしい内容・情報構造・語彙・発音で話す必要があるが，発表形態での発話であれば，話す前に準備ができるかどうかで，求められる発話の質が異なる。やり取りでの発話では，話し手が，相手の反応を見て理解の度合いを判断し，語彙や内容を調整しながら発話を続ける。やり取りへの参加者は，質問して理解を確認したり，反応したりして，協力して対話を継続する。

　しかし，多くの学習者にとって，実際に進行中の会話において，発言の機会を獲得することは難しい。話す内容を構成する語彙の引き出しがスムーズに行えないし，その多くを文レベルで使うことに慣れていないからである。また，参加者は会話中，役割を交代して会話を継続していくが，話し手から出される交代のシグナルは，声の大きさの変化など，暗示的なものもある。ターンを取ることも，流暢に話してターンを維持することも容易ではない。

　やり取り特有の困難があるが，言語知識の不十分な側面を補い合い，参加者が協力して発話を継続することもできる。やり取りを通じ，英語を学ぶ意義を直接的に感じられるようで，やり取りを伴う活動中，生徒たちが楽しそうに取り組む場面も多く見られる。そのため，対話での言語使用が常に困難であるとは言い切れない。合理的な練習を準備するための視点を以下に記す。

2．やり取りを成立させるのに必要な指導上の工夫

（1）語彙の限界への対処
話す話題に関連した語彙を活性化する活動を，言語活動の準備段階で組み

込むと良い。単語のリストを活動中に参照させるのも広く実践されている。日本語を〇回までなら使ってよい，というルールも，活動に慣れる段階では認めれば良い。「その場しのぎ」的対策だけでなく，英英辞典の定義に親しませるような活動に日ごろから取り組ませ，既習語彙を活性化しておくと良い。

（2）理解の確認方法の指導

やり取りが成立する前提は，聞いた内容が理解できることである。それが常に可能であるとは限らないので，以下の表現に習熟させておく必要がある。

　①繰り返しを要求する表現（例："Will you repeat it?"）

　②語句の意味を聞く表現（例："What do you mean by '… '?"）

　③発言の意図を確認（例："Did you want to say … ?"）

（3）反応の仕方の指導

やり取りが発展するきっかけの一つは，発言の反復や定型句の使用を通じて，聞き手が気持ちを伝えることである。それにより，話し手が安心感を得て会話を継続できる。発言の部分的な反復なら，英語学習の経験年数などに関わらずできるはずである。十分に練習させたいスキルである。

（4）内容への質問・コメント

例えば，経験談を話す時，5W1Hに気を付けて話すように努めても，慣れない英語を駆使して話す場合，抜けてしまう情報がある。聞き手が質問し，協力して対話を発展させる姿勢を育てる必要がある。また，相手の話す内容に，自分も興味があると伝えるのも，話し手を励ますことになる。さらに，相手の話を聞いた後，その内容を要約して確認したり，発言の意図を確認したりすれば，相手が話を続けやすくなる。

ただし，ある程度の分量を，話し手のペースで話させることも大切である。話の途中で，それまで考えていた展開とは異なる観点から質問されると，話す内容から考え直すことが必要な場合もあり，話を続ける勢いが削がれ，質問が話の腰を折ったことになりかねない。

3. やり取りを成立させるスキルを育てるための練習例

生徒Aが発言内容を考えて会話を切り出し，生徒Bがそれを聞いて反応するというペアワークには，うまくいかない原因が複数ある。例えば，場面に応じた発言内容を思いつかなければ，どれだけ言語知識があっても会話は始まらない。そこで，以下のようなカードを5～10個ほど教師が用意する。教科書や副教材から語彙やアイデアを取る。生徒が日常で経験しそうな話題であれば，話し手用のカードだけ作る。相手を変えてペアワークを経験するごとに，お互いの発話から表現を学び，話したい内容で言葉をやり取りする。

A: I like playing video games.	B:（①発言の反復）
A: I played a game yesterday.	B:（②定型句を用いた反応）
A: I played it for 8 hours.	B:（③質問やコメントで展開）

図3-36-1　相手の言葉に言葉で反応するドリルで用いるカード（筆者作成）

（1）ドリルから言語活動への発展のさせ方

図3-36-1のようなカードを10個程度，机の上に伏せて置き，話し手の生徒がめくって相手に向かって読み上げる。一定時間でできるだけたくさん取り組むよう，指示を出す。ペアを変えて何度も練習させると，成長が加速する。制限時間40秒くらいから始める。

①1回目（1文目のみ：反応の練習その1）

聞き手は，疑問文を作る要領で，"Oh, do you?" と反応する。慣れれば全文反復する指示も良い。

②2回目（2文目まで：反応の練習その2）

1行目への返し方は，①と同じ。2行目への返しは，"Oh, really?" のような，教科書で学んだ定形句にする指示を出し，取り組ませる。

③3回目以降（やり取りの言語活動へ）

2行目までは①②と同じ。3行目への反応は，コメントや質問で行い，その後は自由にやり取りするよう指示を出す。1枚40秒くらいから始める。

（２）他のやり取りスキルの定着のための応用のために

　繰り返しを要求する，語句の意味を聞く，発言の意図を確認する，などの表現を使わせたい時には，生徒Aのカードと生徒Bのカードを作り，それぞれ3行ほどの中に使わせたいセリフを含めておき，練習を繰り返させる。

　他人から聞いた情報を伝達するのも，やり取りの一形態である。主語や時制に注意して話法を変えることに習熟するのも，中学校レベルでは大切である。前述のカードで行った会話の要点を，別の生徒に伝え，会話を発展させると良い。

（３）書く活動との関連

　語学用ソフトによっては，文字チャットと呼ばれる機能が使え，文字を介してやり取りを伴った活動ができる。多くの生徒が同時に英語で話す内容を考える作業ができるため，他の生徒の発言内容を聞いている時間ばかりにならない利点がある。また，「発言」が画面上に残るので，参加者の発言内容を読み返し，論理展開上の問題点，関連の英語表現のそれぞれについて，フィードバックを与えやすいのも利点である。

４．聞く読む活動との関連

　語彙不足は，社会性の高い話題を扱う際の支障となりやすい。話題によって，必要な語彙がまったく異なるからである。その際，教師が何もないところから考えて教材を開発するより，発言内容の部分は，聞いたり読んだりした題材から取り入れられるように考えるのが現実的であろう。教科書などの教材を使ったリーディング活動をベースに単元を展開し，最後は教科書の題材に関連した話題でやり取りをさせるのが合理的である。

参考文献

千菊基司（2019）．『即興的に話す交渉力を高める！　中学校英語スピーキング活動アイデア＆ワーク』東京：明治図書.

（千菊基司）

第4章　英語科の評価法

Q 37　テストの種類にはどのようなものがあるかを説明しなさい

1．テストの目的と種類

　テストの種類は，テストの目的によって分類される。テストの目的を理解することで，学習指導の様々な場面に応じて適切なテストを選べるようになる。新しくテストを作成するときは，テストの目的を明確にし，適切な形式で問題を作らなければならない。「無責任なテストが『落ちこぼれ』を作る」と言われるほど，テストが児童・生徒の英語学習に与える影響は大きい。テストのために学習に取り組むことが能力の成長につながるような，学習者のためになるテストを選んだり作成したりすることが大切である。

（1）熟達度テスト

　熟達度テスト (proficiency tests) は，受験者がどれくらいの英語力を持っているのか，英語で何ができるのかを評価するために行われる。「熟達度」という言葉が指す内容は，テストの内容によって異なる。例えば，TOEFL®やIELTS™は，アメリカやイギリスなどの高等教育機関で授業を受けるのに必要な英語熟達度を評価する。TOEIC®は，主にビジネスシーンにおける英語コミュニケーション能力の熟達度を評価する。また，実用英語技能検定（英検）のように，特定の英語使用場面に限らない，広い意味での熟達度を評価するテストもある。熟達度テストで出題される内容は，受験者がそれまで受けてきた授業や学習内容に基づくわけではない。また，受験者の熟達度レベルを判定するために，様々な難易度の設問が含まれている。

（2）到達度テスト

　教室で行われるテストの多くが到達度テスト（achievement tests）である。到達度テストの目的は，授業における学習目標を児童・生徒がどの程度達成できたかを評価することである。したがって，出題する内容も受験者が受けている，もしくは受けてきた授業内容に基づかなければならない。総括的評

価（summative assessment）と形成的評価（formative assessment）のどちらの目的で実施されるかによっても，到達度テストの内容は異なる。

　総括的評価は，一定範囲の学習指導が終わった段階で行われる評価方法で，定期テストがこれにあたる。児童・生徒は，定期テストで目標となる点数を目指すことで，授業の内容をどれくらい学習できたかを振り返ることができる。教師側は，定期テストの点数や解答内容を見て，学習目標を達成できていない部分の強化を図ることになる。

　形成的評価は，学習指導を行っている間，継続して繰り返し行われる評価方法で，小テストなどがこれにあたる。それまでに指導した内容を児童・生徒がどれくらい理解できているかを判断し，授業内容や方法を修正したり改善したりするために行われる。

（3）診断テスト

　診断テスト（diagnostic tests）は，英語の知識や技能について，受験者の得意な分野と不得意な分野を調べるために行われる。その結果に基づいて，児童・生徒の弱点補強を行うことになる。熟達度テストと異なるのは，出題範囲が特定のポイントに絞られている点である。

　例えば，自由英作文で児童・生徒の文法知識を診断することはできない。受験者にとって既知の文法項目すべてを出題することも，文法知識の診断テストとしては実用的ではない。様々な文法項目のうち，時制に関する知識に絞って診断するなど，診断すべき知識・技能を細分化し，それに関連する設問を満遍なく出題することが診断テストでは必要になる。

（4）レベル分けテスト

　レベル分けテスト（placement tests）は，受験者を能力に応じて適切なクラスに分ける目的で行われる。熟達度テストと異なるのは，テストの内容が，受験者がこれから受ける授業の内容と関連していなければならない点である。例えば，4技能統合型の授業を行う予定であるにもかかわらず，リーディングテストのみでクラス分けをするのは適切ではない。

２．テストの方法と種類

　評価したい知識・技能を測定する方法によってもテストの呼び名は変わる。評価したい知識・技能はどのような問題形式で測定するのがよいのかを理解しておくことが重要である。

（１）直接テストと間接テスト

　直接テスト（direct testing）は，測定したい技能そのものを受験者に実際に行わせるテストを指す。ライティング力を評価したいならば実際に英文を書かせ，スピーキング力を評価したいならば実際に英語を話させることになる。テストであっても，使用するタスクや英文，場面設定はできる限り実際の言語使用に似せることが望ましい。

　間接テスト（indirect testing）は，測定したい技能の基盤となる知識や能力をテストすることを指す。例えば，発音力を測定するために，受験者に実際に発音させるのではなく，どの音節に強勢があるのかを答えさせる形式がある。この形式のテストに正解できるからといって，実際に英語によるパフォーマンスができるかについては評価できないことに注意したい。

（２）個別要素テストと統合テスト

　個別要素テスト（discrete point testing）は，英語力の基盤となる知識や技能を別々に測定することを指す。例えば，単語や文法の知識に関する出題をしたり，4技能の熟達度を個別に測定したりする。したがって，個別要素テストは基本的に間接テストの一種となる。

　統合テスト（integrative testing）は，タスクを完遂するために，様々な知識や技能を使わなければならない形式である。技能統合型テスト（integrated tests）として，読んだ内容を相手に伝えたり，講義を聞いてメモを取ったりするといったタスクが課される。評価したい英語パフォーマンスを実際に受験者に求めることから，多くの場合，統合テストは直接テストの一種となる。

（３）集団基準準拠テストと目標基準準拠テスト

　熟達度テストなどで，受験者の英語力を相対評価することを集団基準準拠

テスト（norm-referenced testing）と呼ぶ。他の受験者と比べて，ある受験者の熟達度は高いとか低いといった評価が行われる。この目的で行われるテストの得点は，受験者集団内での相対的な位置づけを示すだけである。ゆえに，いくら高得点であっても，その受験者が十分な知識・技能を習得していると評価するのには慎重にならなければならない。

　到達度テストのように，学習目標などの基準をクリアしたかについて絶対評価することを目標基準準拠テスト（criterion-referenced testing）と呼ぶ。相対評価とは異なり，絶対評価では受験者の能力について，他の受験者と比較することで評価することはない。測定したい知識・技能を受験者が実際に行えるかどうかを，あらかじめ設定した採点基準で評価することになる。

（4）主観テストと客観テスト

　採点時に評価者による評定が必要なテストを主観テスト（subjective testing）と呼ぶ。多肢選択式など，正解と不正解が明確に定められており，評価者の評定を必要としないテストのことを客観テストと呼ぶ（objective testing）。採点に主観が入る程度は，テストの内容や採点方法によって異なる。例えば，短答記述式よりもエッセイ・ライティングでは，採点者の主観が入りやすい。客観性を高める方法として，ルーブリックなどを用いて厳密な採点基準を定める，1つの解答に対し2名以上で採点するなどがある。採点者の主観を可能な限り排すことで，公平で信頼性のある採点を心掛けたい。

参考文献

靜　哲人（2002）．『英語テスト作成の達人マニュアル』東京：大修館書店．

Bachman, L., & Dambock, B.（2018）. *Language assessment for classroom teachers*. Oxford, England: Oxford University Press.

Hughes, A.（2003）. *Testing for language teachers* (2nd.). New York, NY: Cambridge University Press.

（濱田　彰）

Q 38　様々な評価の種類と活用を説明しなさい

１．どのような評価があるの？

ここでは日本の英語教育と関わりが強い3種類の分類を説明する。

（1）「集団に準拠した評価」と「目標に準拠した評価」

評価を行う際の基準に着目した分類である。「集団に準拠した評価（集団基準評価）」は，学習者が学年やクラスの中でどの位置にいるかの評価であり，いわゆる相対評価と呼ばれているものである。それに対して，「目標に準拠した評価（目標基準評価）」は学習者が目標にどの程度到達しているかの評価であり，いわゆる絶対評価と呼ばれるものである。1998（平成10）年および1999年改訂学習指導要領からは，「目標に準拠した評価」のみが用いられている。

（2）「診断的評価」，「形成的評価」と「総括的評価」

教育目標の分類学で著名なベンジャミン・ブルームによる分類である。「診断的評価」は，指導を行う前に，教師が生徒の既有知識や学習に取り組む姿勢などを把握する評価である。主に，生徒に対して効果的なカリキュラムや指導方法を検討する目的で行われる。「形成的評価」は，指導と平行しながら，教師が生徒の定着状況を定期的に把握する評価である。主に，指導方法を再検討したり，生徒に学習を促したりする目的で行われる。「総括的評価」は，指導を行った後に，教師が生徒の到達状況を把握する評価である。主に，指導の効果を確認したり，成績をつけたりするために行われる。

（3）「観点別学習状況の評価」，「評定」と「個人内評価」

指導要録の作成に関わる分類である。「観点別学習状況の評価」は，生徒の学習状況を分析的に把握する評価である。各教科の目標に準拠して観点を設定し，各観点について目標に準拠した評価を行う。指導と並行しながら行われる評価であるため，形成的評価の役割を担う。「観点別学習状況の評価」を総括することで「評定」を決定する。「評定」は学習状況を総括的に把握

する評価である。「個人内評価」は，各教科の目標に限定されず，生徒ごと
の優れている点や今後の課題などを把握する評価である。これらは「総合所
見及び指導上参考となる諸事項」の一部として記述文の形で記録される。

2．評価を指導改善につなげるカリキュラムマネジメント

　評価を指導改善に活かすためには，評価に基づいた計画的なカリキュラム
マネジメント（図4-38-1）が不可欠である。

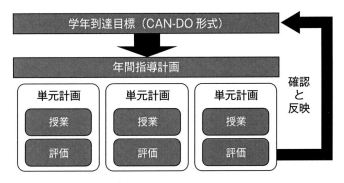

図4-38-1　基本的なカリキュラムマネジメント（筆者作成）

　指導を行う際は，CAN-DO形式で設定された学年到達目標に従って年間指
導計画を立て，年間指導計画に基づいた単元計画に従って授業を行う。これ
らの指導の効果を検討するためには，単元ごとに定着状況の評価を行い，単
元ごとの評価を総括することによって，学年到達目標の達成状況を確認する
ことが欠かせない。そして，達成状況が十分でなかった学年到達目標があれ
ば，目標の下方修正や，年間指導計画および単元計画で時間数の増加などを
検討する。その一方で，達成状況が十分であった学年到達目標については，
目標を高めに修正したり，対応する単元の時間数を他の単元に回したりする
ことを検討する。このように，カリキュラムマネジメントを推進するために
は，学校全体で学年到達目標を核にした体系的な指導，評価，そして指導改
善のPDCAサイクルを確立することが欠かせない。

（髙木修一）

Q 39　パフォーマンス評価の導入と留意点を考察しなさい

1．パフォーマンス評価の導入

　パフォーマンス評価（performance assessment）では，児童・生徒に実際に英語を使わせて，英語で何ができるのかを評価する。準備するものは，英語によるパフォーマンスを引き出すためのタスク（task）と，パフォーマンスの質を評価するためのルーブリック（rubric）である。

　パフォーマンステスト（performance tests）におけるタスクは，コミュニケーションのために英語を使う必要のある活動のことを指す。児童・生徒は，英語によるやり取りを行って，タスクの目的を達成することを目指す。例えば道案内タスクでは，やり取りを通じて，相手を目的地にきちんとたどり着かせるという成果が求められる。

　ルーブリックは，パフォーマンステストの評価の観点と，各観点のレベルを表にまとめたものである。図4-39-1のように，まず，タスクの達成度を児童・生徒のパフォーマンス全体から総合的に評価する基準を作る。次に，英

評価	総合的評価	分析的評価		
観点　　　基準	タスク達成度	発音【知識・技能】	表現【思考力・判断力・表現力】	やり取り【主体的に学習に取り組む態度】
3	英語のみを使って道案内できた	英語として理解可能な発音でほぼ話していた	場面に応じて適切な表現を使用していた	やり取りを続けるために様々なストラテジーを使用していた
2	日本語混じりだが主に英語を使って道案内できた	日本語混じりの発音が時々見られたが英語として理解可能な発音で話していた	場面にそぐわない表現を時々使っていたが概ねコミュニケーションに支障はなかった	ストラテジーを使わなかったためにやり取りが途切れる場面があった
1	英語を使って道案内できなかった	日本語混じりの発音であり英語として理解可能な発音ではなかった	場面に応じて使う必要のある表現を話すことはできていなかった	ストラテジーを使えずやり取りがほとんど続かなかった

図4-39-1　道案内タスクのルーブリック例（筆者作成）

語パフォーマンスの何がよくて，何が足りなかったのかを分析的に評価する項目を用意する。評価基準には可能な範囲で例を添えるとよい。パフォーマンスの何を評価するかはタスクの内容によって異なるが，学校教育法が定義する学力の３要素を観点とすることで，一貫した評価が可能になる。

２．パフォーマンス評価の留意点

　タスクを作成する場合は，その活動に以下の４点が含まれているかに留意する。特に，英語を全く使わなくても達成できてしまう活動になっていないかを確認したい。ジェスチャーなどの非言語的リソースもコミュニケーション活動の重要な一部であるものの，英語のテストとして，英語でのやり取りをする必要性がないタスクを用いるべきではない。

> ▶意味のやり取りがある：モデルを模倣させたり教師が指定する英語表現を使わせたりするのではなく，タスクの目的を達成するために自ら英語でメッセージを伝えたり理解したりする要素があるか。
> ▶ギャップがある：タスクを完遂するために埋めなければならないインフォメーションギャップ，意見の相違，解決すべき問題などがあるか。
> ▶タスクに自由度がある：言語的・非言語的なリソースを自由に用いて活動に取り組むことができるようになっているか（道案内タスクの場合，英語によるコミュニケーションだけでなく，地図や身振り手振りなどの非言語的リソースを使うことを制限しない）。
> ▶コミュニケーション上の目的がある：英語によるやり取りを行うことで，達成するべきコミュニケーション上の目的が明確に設定されているか。

　ルーブリックに示した評価の観点を合計して児童・生徒のパフォーマンスレベルを評価することは不適切である。図4-39-1の１〜３という点数は，あくまで，各観点の達成度のみを表していることに注意したい。

参考文献

Ellis, R., & Shintani, N.（2014）. *Exploring language pedagogy through second language acquisition research*. New York, NY: Routledge.

濱田彰（2018）.「初等外国語教育における学習評価」. 吉田武男（監修）・卯城祐司（編著）.『初等外国語教育』（pp. 117-129）. 京都：ミネルヴァ書房.　　　　　　　　　　　　　　　　　　　　（濱田　彰）

Q 40　定期テストの作成と工夫を述べなさい

1．定期テストは何のため？

　定期テストは指導後に実施されるものであり，評定を決定する際の重要な判断材料になることから，総括的評価と捉えられることが多い。しかし，定期テストは形成的評価としての役割も大きいことに留意したい。例えば，定期テストに向けた準備として学習を促したり，定期テストの振り返りとして復習の機会を設けたりすることができる。また，定期テストは生徒のためだけではない。定期テストを通して，教師は自身の指導の効果を確認し，指導改善の手がかりを得ることができる。

　定期テストは限られた授業時間を利用して行われるものであり，作成から実施そして返却に至るまで，教師および生徒にとって莫大な時間と労力がかかる。そのため，定期テストを行う際は，ただ慣習に従って事務的に行うのではなく，目的意識と理論に従って計画的に行うことによって，定期テストを最大限活用できるようにしたい。

2．定期テストは平均点が 60 点であれば良いテスト？

　良いテストに不可欠な条件として，テストが測定する能力（以下，構成概念）を正しく測定できることがある。定期テストは到達度テストであり，その構成概念は，年間指導計画や単元計画に基づいて行ってきた指導内容である。すなわち，定期テストは授業で扱った内容が定着しているかを測定するテストでなくてはならない。

　しかしながら，平均点60点に主眼を置くことは，測定したい構成概念を反映したテスト作成を阻害することにつながる。例えば，平均点を低くする目的で，授業で扱っていない内容や発展的な内容を出題する慣習があるが，定期テストの構成概念を歪ませることにしかならない。同様に，生徒に満点を取らせないために1問だけ難問を出題することも避けるべきである。教師

が工夫を凝らした授業を行い，生徒が定期テストに向けて一生懸命勉強をした結果として，生徒が指導内容を十分に身に付けることができたのであれば，平均点が80点になったとしても全く問題はない。仮に，学年到達目標が易しすぎたことが理由で平均点が高くなりそうな場合も，定期テストで調整をするのではなく，学年到達目標自体を改善すべきである。

また，生徒の動機づけに悪影響が生じる可能性に配慮して，平均点を高くする目的で，正答率が高かった問題の配点を高くしたり，採点基準を緩くしたりする慣習がある。これらの慣習もテストの構成概念を歪ませることにつながる。さらに，生徒が指導内容を身に付けていないにもかかわらず，一定以上定着したものとして見逃されてしまうことになるため，長期的に見て生徒のためにもならない。

このように，定期テストで平均60点を目指すことは様々な弊害を生じさせる不適切な慣習であって，理論的には指導内容を構成概念として適切に測定できるテストを目指すことが望ましい。

3．定期テストの基本的な作り方は？

定期テストを作るにあたって，最初にすべきことはテスト細目の作成である。テスト細目とはいわばテストの設計図のようなものであり，表4-40-1にあるような項目から構成される（小泉，2017）。

表4-40-1　テスト細目の基本的な構成

項目	記述する内容
目的と構成概念	テストの目的と全体として測定したい能力
テストの構成	各大問の構成概念・各大問と小問の設問数と配点
テストの形式	小問の問題形式と設問例
採点基準	部分点の条件やルーブリック

（小泉（2017）を参考に筆者作成）

定期テストの「目的と構成概念」は，指導内容の定着を測定し，生徒に学習を促すことに設定されることが多い。「テストの構成」は，大問ごとに1つの能力を測定するようにし，1つの大問に異なる技能や領域に関する小問

が混在することは避けるべきである。なお，試験時間の制限はあるが，まぐれ当たりの影響を小さくするため，大問ごとの小問数はできるだけ多くするとよい。また，配点を決定する際には，授業で扱った時間と配点が対応するようにしたい。「テスト形式」は，多様な問題形式を用いることが望ましい。これは，1つの問題形式で測定できる能力には限界があること，また特定の問題形式への慣れが解答に影響することを防ぐことが理由である。ただし，解答方法が煩雑にならないよう，同じ能力を測定する小問では同じ問題形式を用いる方がよい。「採点基準」は，教師が採点に用いるものと，生徒に事前提示するものの2種類を準備する。教師用の採点基準はできるかぎり具体的なものが好ましいが，生徒に事前提示する採点基準はやや簡潔にする。これは，生徒が最高点ではなく戦略的に部分点を目指す勉強をすることを防ぐためである。なお，詳細なテスト細目の具体例は小泉（2017）を参照されたい。

　テスト細目の作成は測定したい構成概念を確認するのに役立つ。特に，1つの学年を複数の教員で担当していたり，テストを複数の教員で作成したりする場合には，テストの構成概念を共有しておくことは重要である。また，次節でも述べるように，テスト細目はテスト前の指導やテスト後のフィードバックにも活用することができる。

　一通りテストを作成した後は，生徒の立場に立って解答してみるとよい。その際，設問の意図が明快であるかに特に注意をしたい。設問文や解答方法が複雑なために生徒が解答できないような問題は改善が必要である。また，同僚に解答してもらうことで，客観的なフィードバックを得ることもテストの改善には有効である。

４．定期テストを生徒の学習に活かすには？

　テストが教師や生徒に与える影響を波及効果という。高校入試や大学入試といった大規模なテストは社会全体を含め影響が大きいテストであるが，定期テストも生徒にとって波及効果が高いテストである。波及効果には好ましいものとそうでないものがある。例えば，定期テストと指導内容に関連性が

ない場合，生徒が日常の授業に取り組む姿勢が悪くなる可能性がある。その
ため，定期テストを通して生徒に学習を促すような好ましい波及効果が生じ
るように注意したい。

　まず，定期テスト前は，定期テストがあることそれ自体によって，生徒に
テストに向けた勉強を促す効果が期待できるが，全ての生徒が計画的に勉強
に取り組めるとは限らない。そのため，定期テストに向けた具体的な勉強方
法を考えさせる手立てを講じたい。例えば，テスト細目の簡易版を生徒に提
示して身に付けるべき能力を明確に示したり，生徒に学習計画を立てさせた
りすることが考えられる。

　次に，定期テストを返却する際は，各問題の正否と合計得点だけが記入さ
れた解答用紙を返却するだけではなく，生徒自身が何をどのくらいできたか
理解できるようにしたい。例えば，テストの合計得点に加えて，各大問の構
成概念や，大問ごとの得点および正答率を示すことが考えられる。また，パ
フォーマンステストのように得点に段階性がある問題については，採点に使
用した教師用の採点基準と併せて観点ごとの得点を明示するとよいだろう。

　さらに，定期テスト返却後は，定着していなかった箇所の復習を促すよう
な手立てを講じたい。ただ定期テストの模範解答を配布するだけではなく，
例えば，リスニング問題の音声とスクリプトを配布したり，問題と対応する
教科書の該当箇所を明示したりするなど，具体的な復習の方法を示したい。
特に，英語が苦手な生徒は復習しなくてはならない内容が多く，英語の勉強
方法もわからないことが多いため，復習の優先順位を示したり，復習用の補
助教材を配布したりすることも効果的である。

参考文献

小泉利恵（2017）.「2.1.2 テストの作り方」. 小泉利恵・印南洋・深澤真（編
　　著）.『実例でわかる英語テスト作成ガイド』（pp. 45-51）. 東京:
　　大修館書店.

（髙木修一）

Q 41　技能を統合してテストするとはどういうことか説明しなさい

1．授業で行う技能統合された活動にはどのような活動がある？

　教室内では技能統合の活動がたくさん行われている。例えば4技能5領域の1つに「やり取り」があるが，やり取りを行うにはスピーキングとリスニングの能力が必要になる。また，ある話を英語で聞き，そのメモを英語でとる活動の場合にはリスニングとライティングの活動が含まれる。スピーチの原稿を書いてからそれを発表するという場合には，「書いたことを発表する」という技能統合となる。また，小学校や中学校の初期の段階では，音が文字よりも先行して習得されるため「発表したことを書く」という活動もある。この場合にはスピーキングとライティングの活動になるだろう。また，内容理解した英文を音読してリテリング（再話）につなげていく活動であれば，リーディングとスピーキングの活動になる。この活動をペアで行うのであればリスニングも含んだ3技能の活動ということとなる。授業内でこのような技能統合型の活動を行っているのであれば，テストにおいても単独の技能を用いたテストだけではなく複数の技能を統合したものを用いて，テストの波及効果を期待すべきであろう。

2．インフォメーション・トランスファー

　インフォメーション・トランスファー（information transfer）とは，読んだり聞いたりした情報を別の表現で表す方法である。聞いたことを絵に描く（例：ある町の白地図を学習者に渡し，どこにどのようなお店があるのかを描かせるようなタスク）のような1つの技能しか使わないインフォメーション・トランスファーもあるが，図4-41-1のように聞いたり読んだりした情報を英語で話したり書いたりすることで，技能統合型の活動やテストとして用いることができる。

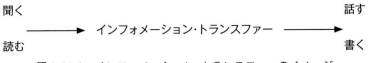

図4-41-1　インフォメーション・トランスファーのイメージ
(Nation & Newton, 2009, p. 49)

　Nation & Newton（2009, pp. 48-49）によると，インフォメーション・トランスファーを行うことで，インプットを深く処理することが求められる。与えられた質問に答えたり，インプットをそのままアウトプットするのではなく，インプットを適する形に変えてアウトプットしなければならないためである。また，教員にとっては内容理解問題を作る必要がなく，枠組みだけを作成すればよいため効率的である。例として，インフォメーション・トランスファーで生徒が書く枠組みの1つを表4-41-1に挙げる。これはいくつかのニュースを聞いて誰が何をどこでいつ行ったのかを英語で書きとる問題である。

表4-41-1　インフォメーション・トランスファーの枠組み例

News Item	Who	What	Where	When
1				
2				
3				
4				

(出典：Nation & Newton, 2009, p. 49)

　インフォメーション・トランスファーは記入するだけで終わりにすることもできるが，記入した枠組みを用いて，どのようなニュースだったのかを英語で話させるテストを行ってもよい。これによって「聞く・書く・話す」という3技能を統合した問題を作成することができる。このような活動を普段の授業から行い，そしてテストでも使用することによって，生徒自身がインプットされた英語を再構成してアウトプットする機会を設けることができる。表4-41-1のような枠組みだけではなく，読む英文の文章構造に応じて，以下のような異なる枠組みを用いることもできる。

137

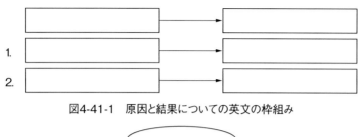

図4-41-1　原因と結果についての英文の枠組み

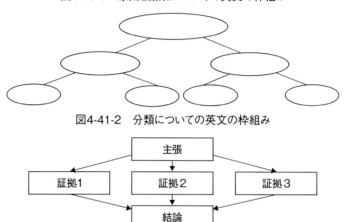

図4-41-2　分類についての英文の枠組み

図4-41-3　何かの主張についての英文の枠組み

３．技能統合型テストの注意点

　技能統合型のテストを行う際に注意しなければならないことは，あくまで技能の統合であって単一技能のテストではないということである。つまり，2技能を統合したとしても評価項目が1つの技能だけになるようではいけない。これは，例えば「読んで書く」タイプのテストにおいて書く分量が多くなりすぎることで起こり得る。もしも書く分量が多すぎると，内容理解について問う割合が少なくなってしまう。また，書く分量が少なすぎると単なる内容理解問題になってしまう可能性がある。このような問題は，技能統合型のテストと呼ぶことはできないだろう。

　では，どのような問題がよいのだろうか。「読んで話す」タイプの次ページの例を見てみよう。この問題に解答する際に生徒が頭の中で行うことは何

だろうか。答える際には英文を読む必要があるが，その際に鹿児島について述べている部分に着目し，その部分を話そうとするだろう。つまり，読んだこと全てを話してはいけないため，１文目や最終文の情報は話す時には省くというような判断力が必要となる。そして，Taroの気持ちが書かれている部分の表現をどのように変えて，鹿児島の魅力として話すのかも考えなければならない。例えば，I like Sakurajima the best. と手紙には書かれているが，これをそのまま話してしまってはLisaになり切っていないこととなる。しかし，話さなければならない分量はそれほど多くなく，この英文から鹿児島の内容を伝えるためには２〜３文で十分である。したがって，このような問題によって「読んで話す」という２つの領域の能力を調べることができよう。

問題：Lisaの幼なじみのTaroから，Lisaに下のような手紙が届きました。この手紙を読んだLisaは，友達のMomokoに鹿児島がどんなところかを伝えようと思いました。Lisaになり切ってMomokoに鹿児島の魅力を伝えてみましょう。

April 30, 2016
Dear Lisa,

Hi! I have been very busy since we moved here. Kagoshima is a good place to live. It is nicer than I thought. There are a lot of sightseeing spots, and I like Sakurajima the best. Have you ever seen a volcano? Sakurajima has three active volcanoes, Kita-dake, Naka-dake, and Minami-dake. I know you have never been to this city. So, if you come here, I will be happy to show you around.

Good bye now,
Taro

（Sunshine English Course 3, p. 19 より）

参考文献

Nation, I. S. P., & Newton, J.（2009）．*Teaching ESL/EFL listening and speaking.* NY: Routledge.

Sunshine English Course 3.（2016）．東京：開隆堂.　　　（星野由子）

第5章　学習者理解と英語科の授業

Q 42　教師と生徒，生徒同士のよりよい人間関係を育てるにはどうすべきかを述べなさい

1．学習を通じて人間関係を築くということ

　教室では，教師と生徒，生徒同士で人間関係を作った後で学習が始まるわけではない。学習を通じて人間関係を作るのである。そのため，学びに関する共通理解を図り，授業のあらゆる場面で徹底することが必要である。またそれは，生徒の学習を持続可能なものとする助けとならなくてはならない。

　ほとんどの生徒は，現時点での英語力に自信がなく，潜在能力に気づいていない。生徒のパフォーマンスや努力について，ほめられる部分はほめることが人間関係作りのスタートでもある。それは学び続ける意欲も生む。生徒に自尊感情が十分あることを理解した後，能力を伸ばすように刺激するのが，次の段階である。

2．学習のあり方を共有する

（1）英語を使う場面作りと生徒同士のコミュニケーションによる動機付け

　英語の習得には，意味ある文脈で実際に使わせることが必要であるので，教室での学習には，学習者間で英語を使用させる場面をどれだけ作ることができるかが，習得の速度を決める。また，そこで実際にどのような英語のやり取りが行われるかも問題である。人間関係のあり方を決めるからである。

　まず，生徒が学習目標となっている言語項目を使えること自体が励みになることを忘れてはいけない。生徒が英語を使う活動では，既習事項を踏まえ，必要な知識を活性化するなど足場かけをしながら，新しく学んだことを使わせられれば，習得が促進され，生徒の意欲をさらに引き出すことができる。

　教室で複数の生徒が学んでいるのであるから，生徒同士のペア・ワークやグループ・ワークの質を高める必要がある。プロの英会話講師を何人も教室に呼んでくることはできない。生徒が持っている力を最大限引き出すことで

しか，学習の質を高めることはできない，というのが教室で英語を教える前提である。

　生徒間の英語のやり取りは，意味あるメッセージの交換でなければならない。生徒の発表を聞かせたり，作文を読ませたりする際，その内容に，日本語や英語で感想を書かせたり，質問をさせたりする。「伝わった」という実感を持てれば，学習は継続され，深まっていく。

（2）安心して間違いながら共に高みをめざす集団作り

　練習が不十分な状態で生徒に発表させるのは得策ではない。発表前には，評価規準を伝え，十分な練習時間を確保すべきである。発表させたパフォーマンスに誤りがあっても，良かった部分に具体的にコメントすれば，その生徒へはもちろん，周りの生徒に対しても動機づけになる。

　しかし，恥ずかしい思いをさせないようにという配慮だけを優先すると，練習自体が始まらない。知識や技能の習得過程では誤りがつきものであることを，説いて聞かせる必要がある。また，発表させるなら，見本となる生徒を選んで聞かせれば，憧れの気持ちや，尊敬の気持ちが生まれる。生徒の中に，学び続ける意欲を掻き立てることも必要であろう。個人的には，もう一歩，のパフォーマンスをほめたたえることで，誤りがあっても伝わる，という具体例もわかり，生徒は安心して発表できるようになると感じている。

　教師もたくさん英語を使えば，誤りが増えるのは当然である。自分で文法的誤りに気付いた時にどう訂正すればよいか，生徒へ示すチャンスでもある。

　「学習のあり方」の共有が，こちらの方針の一方的な押し付けになってはいけない。教師の専門性に鑑み，譲れないところを持っておく必要があるが，生徒がどのように授業や学習をとらえているか，アンケートや面談を通じて把握しておく必要がある。意識の醸成にも，個人差がつきものである。

　生徒は自分たちが大切にされていると感じ，学ぶ楽しさを知れば，自分の教室での振る舞いがどうあるべきかを考え始める。「馴れ合い」や「競争」が中心の関係から，共通の目標達成に向かって「共同」する関係になる過程を通じて，教室での人間関係が好ましいものに転ずるのである。

（千菊基司）

Q 43　特別な配慮を必要とする生徒への指導を考察しなさい

1．インタビューテストでの中学生の発話から

　1990年代に，ある公立中学校で1年生対象の英語によるインタビューテストが行われた。その時の1人の中学生と教師とのやり取りは次のような内容であった。

教師：What day is today? It's?
生徒：It's…
教師：What day? Sunday? Monday? What day?
生徒：… Thurs
教師：土曜日だぞ，今日は。Sunday, Monday, Tuesday, Wednesday, Thursday, Friday…
生徒：…
教師：土曜日は何だったか。What day is today?
生徒：It's…
教師：It's?
生徒：Sawaday.
教師：Sawadayはトイレでサワデイだがな（笑い）It's…
生徒：Sa…
教師：Satur?
生徒：Satur…
教師：Saturday. 覚えられんかな。Saturday.　もう1回。What day is today?
生徒：It's Sawaday.

　録音されたこのインタビューデータを聞いて，筆者は，思わず考えこんで

しまった。1990年代においても，すでに特別な配慮を必要とする生徒は教室に存在したはずである。ただ，教える側の教師にも英語教育学を研究する筆者自身にも，そうした生徒に対する認識が欠如していたということを表すエピソードの1つである。今，同じインタビューデータを分析するのであれば，モデル音を聞いて繰り返すことに困難を抱える生徒の可能性やワーキングメモリ等に十分な情報を留めておくことに課題のある可能性を探り，適切な支援の方策を検討するだろう。

2017（平成29）年改訂中学校学習指導要領においても，「障害のある生徒などについては，学習活動を行う場合に生じる困難さに応じた指導内容や指導方法の工夫を計画的，組織的に行うこと」が個々の英語教員にも学校にも求められる時代にある，と説かれている。英語学習の学びのどこで，どのように困難を抱える学習者が存在するのか，それはなぜなのか，日本の特別支援教育での研究・実践や英語圏でのディスレクシア（読み書きに困難がある学習者）やLD（学習障害）に関わるこれまでの知見からも学びながら，英語授業での支援を考えていくことが今私たちには求められている。

2．教室に存在する多様な生徒をどう「みる」？

読者の教室には，次のような生徒はいないだろうか。あるいは，中学生・高校生の頃，クラスメートに以下のような行動特性を持っていた人はいなかっただろうか？

・ペアやグループでの活動に参加しようとしない
・ぼんやりしているようで，教師の指示や説明がなかなか伝わらない
・アルファベットの文字の識別が難しい（b, dやh, nなど類似した文字を間違える）
・板書をノートに書くのに時間がかかり，一語一語見ながら写す
・音読する際にローマ字読みをしたり，'would' を 'world' といったように類似した単語と読み間違えたりする
・書く文字が乱雑だったり，判読が難しい文字を書く
・宿題を忘れたり，授業中，集中力が続かない

おそらく，いくつかの特徴を有する生徒の存在は経験されているのではないだろうか。こうした生徒の行動を観察した場合，私たちは単なる怠学であるとか，本人の努力不足であるといったように簡単に結論づけることは避ける必要がある。いわゆる二次障害（根本的な原因が背景に存在して，学習に難しさを感じ，結果として動機の欠如であったり，やる気の無さといった行動に至るケース）は別にしても，以下の3点から教師自身の日ごろの指導に対する省察を行い，適切な支援の在り方を探るという姿勢を持っておきたい。

①私たち1人ひとりに性格上の個性があるように，学習スタイルにも個性が存在し，情報を理解したり，整理・記憶したり，さらに何かを表現したりするには個々人に得意な方法が存在するということ　**（認知特性という観点）**

②特別な配慮を要する生徒の中には，さらに以下のような何らかの背景要因が存在している可能性があるということ　**（特別支援の観点）**

☆注意欠陥・多動症（ADHD）：

物事に集中できなかったり，じっとしていることに困難がある，衝動的に行動する，ケアレスミスが多い等

☆自閉スペクトラム症（ASD）：

他者とのコミュニケーションが苦手であったり，空気が読めない，想像力の欠如や興味・関心があることに偏りがあったりする等

☆学習障害（LD）：

全般的な知的発達に遅れはないものの，聞く・話す・読む・書く・計算する・推論する能力のいずれかの能力の習得や活用が困難な状態等。読み・書きに困難な場合がディスレクシアに該当する

③学級経営を中心とした教師自身のクラスルームマネージメントにおいて，生徒と教師との関係性や生徒同士の関係性において，信頼性が醸成されていること　**（教室の雰囲気づくりという観点）**

教室の中に特別な支援を要すると思われる生徒は一定程度存在していると

言われている。また，医学的な診断で確定されないまでも，困難を抱えていると思われる生徒（グレイゾーン）もいると思われる。いずれのケースであったとしても，教師1人ひとりが，特別支援教育の知見を深める個人的な努力をはかりながら，同時に専門家からの助言も積極的に求めて，同僚とも情報を共有することで，学校組織全体として取り組む必要がある。

3．つまずく生徒への支援の視点

英語学習におけるつまずきには，多くの生徒に共通する項目と個別の支援が求められるものが考えられる。前者の例として，中学校入門期の be 動詞と一般動詞の混乱等は，古くから指摘されており，解決策も数多く提案されている。また，英語という言語の音韻と綴りとの対応関係の複雑さも，生徒のつまずきの要因となり得る。一方で，こうしたいわば「普遍的な」（つまり多くの生徒が経験する）つまずきのほかに，特定の生徒が示す誤りであったり，教師側の指導がなかなか成果を生まなかったりする生徒のつまずきも存在する。後者の場合であれば，前述したように生徒固有の課題が背景に存在しうることを考慮する必要がある。

つまずきの原因や背景を適切に見極め，原因に応じた支援をクラス全体や個別の生徒に提供するというのが，対処療法的なアプローチであるとするならば，つまずきやすい部分に対して事前に検討を加え，できるだけつまずきを生じさせないように計画的に準備，指導を行うという予防的なアプローチも考えられる。

参考文献

Birsh, J.R. & S. Carreker (Eds.)（2018）. *Multisensory Teaching of Basic Language Skills*. 4th edition. USA, Baltimore: Paul H. Brookes Publishing, Co.

ジュディット・コーモス，アン・マーガレット・スミス（著）竹田契一（監修）飯島睦美他（訳）（2017）.『学習障がいのある児童・生徒のための外国語教育』東京：明石書店.

（築道和明）

Q 44　ユニバーサルデザインの視点に立った英語授業を考察しなさい

1．現代版「学習者中心」の英語授業

　「学習者中心」の英語教育という言葉は，今に始まったものではなく，1970年代以降，色々に議論されてきた。ただ，当時は教師が授業の主導権を握る一斉タイプの知識伝達型の授業からの脱却を目指して使われていた。今，改めて「学習者中心」の英語授業とは何を意味するかを明らかにしておきたい。

　第2次世界大戦後の英語教育では，新たな教授法が提案され，その不備が批判され，新たな教授法が次々に提案されるといったように，最善の教授法を追求するという流れが特徴的であった。そこには，教材やカリキュラムをはじめとして指導法をコアにして，一つの教授法が教室内の全ての学習者に有効であるという信念が存在したと言えよう（"one-size-fit-all"）。しかし，実際にはQ43で見たように，多様な生徒が存在しており，1つの優れた教授法であっても有効には働かない場合が多い。そもそも唯一の最善の教授法が存在するという前提自体が疑われ始め，現代は「ポスト・教授法」の時代となっている。

　すなわち，英語授業を進めていくうえで，教える側が単一の教材や指導法，学習環境を提供すれば事足れる時代は終わり，目の前にいる学習者のそれぞれの特性を踏まえ，また，クラス全体の人間関係など教室環境も考慮して，柔軟に且つ多様に「学びのための選択肢」を準備することが英語教師には求められている。これが，現代版「学習者中心」の英語授業の意味するところである。

　このような「学習者中心」の英語授業を実践する前提として，まずは英語学習の困難さについて，英語教師は再認識する必要がある。英語教師の多くは，学習者として英語が好きで，得意で，その学びのプロセスでつまずいた

り，困難さを感じたりした経験は少ないと思われる。英語の学びのプロセスのどこで，どうつまずき，その原因は何か，考えられうる支援は何か，といった自己省察を踏まえて，指導のための多様なリソースを有し，個々の生徒や特定の学習場面に応じて，適切なリソースを活用できる力が英語教師には求められている。

2．ユニバーサルデザインからみる英語授業

「ユニバーサルデザイン」という用語は，元来は建物の建築や製品，住環境などに関して，障害を持つ人のためだけでなく，あらゆる人にとって快適に，安全に，大きな努力なく居心地よく過ごせる環境を提供しようという発想から誕生したと言われている。

こうした発想を学習へと応用している試みとして，CAST（Center for Applied Special Technology）が推進しているUDL（Universal Design for Learning）とは何か，を考えてみたい。UDL（学びのためのユニバーサルデザイン）の基本理念は，学習者が抱える障害の克服に教師が対応し，いかに支援していくかという従来の視点ではなく，カリキュラムやシラバス，さらに教材など，教授・学習材自体に学びを阻害する要因が存在し，そこに手を加えることによって，困難を抱える学習者は言うに及ばず，全ての学習者，さらには教師にとっても快適な学びの環境を提供しようとする試みであると言える。このようなカリキュラムを提供する上での原則として表5-44-1に示す3つの観点からの学習環境の設計が提案されている。

この表では，「何を学ぶか」（Ⅰ．提示に関する多様な情報の提示），「どのように表現するのか」（Ⅱ．行動と表出に関する多様な方法の提供），「学びへの姿勢」（Ⅲ．取り組みに関する多様な方法の提供）という3つの視点が設定されている。言い換えるならば，インプットとしての学習材を適切に多様に提示して，①生徒の思考（頭）をフルに活動させ→②アウトプットとして考えや意見を全身（身体）を駆使して表現し→③さらなる学びへの意欲（心）を育む，といったように，学びを「頭」，「身体」，「心」の3層構造としてみなしていると言える。こうした観点から多様な支援や学びを提供し，より自

学びのユニバーサルデザイン・ガイドライン(ver.2.0.)

I. 提示に関する 多様な方法の提供	II. 行動と表出に関する 多様な方法の提供	III. 取り組みに関する 多様な方法の提供
1: 知覚するための多様なオプションを提供する 1.1 情報の表し方をカスタマイズする多様な方法を提供する 1.2 聴覚的に提示される情報を、代替の方法でも提供する 1.3 視覚的に提示される情報を、代替の方法でも提供する	**4: 身体動作のためのオプションを提供する** 4.1 応答様式や学習を進める方法を変える 4.2 教具や支援テクノロジーへのアクセスを最適にする	**7: 興味を引くために多様なオプションを提供する** 7.1 個々人の選択や自主自律性を最適な状態で活用する 7.2 課題の自分との関連性・価値・真実味を高める 7.3 不安材料や気を散らすものを軽減させる
2: 言語、数式、記号のためのオプションを提供する 2.1 語彙や記号をわかりやすく説明する 2.2 構文や構造をわかりやすく説明する 2.3 文や数式や記号の読み下し方をサポートする 2.4 別の言語でも理解を促す 2.5 様々なメディアを使って図解する	**5: 表出やコミュニケーションに関するオプションを 提供する** 5.1 コミュニケーションに多様な手段を使う 5.2 制作や作文に多様なツールを使う 5.3 支援のレベルを段階的に調節して流暢性を伸ばす	**8: 努力やがんばりを継続させるためのオプションを 提供する** 8.1 目標や目的を目立たせる 8.2 チャレンジのレベルが最適となるよう求める （課題の）レベルやリソースを変える 8.3 協働と仲間集団を育む 8.4 習熟を助けるフィードバックを増大させる
3: 理解のためのオプションを提供する 3.1 背景となる知識を提供または活性化させる 3.2 パターン、重要事項、全体像、関係を目立たせる 3.3 情報処理、視覚化、操作の過程をガイドする 3.4 学習の転移と般化を最大限にする	**6: 実行機能のためのオプションを提供する** 6.1 適切な目標を設定できるようにガイドする 6.2 プランニングと方略開発を支援する 6.3 情報やリソースのマネジメントを促す 6.4 進捗をモニタする力を高める	**9: 自己調整のためのオプションを提供する** 9.1 モチベーションを高める期待や信念を持つよう促す 9.2 対処のスキルや方略を促進する 9.3 自己評価と内省を伸ばす
学習リソースが豊富で、知識を活用できる学習者	**方略的で、目的に向けて学べる学習者**	**目的を持ち、やる気のある学習者**

© **CAST**

表5-44-1　学びのためのユニバーサルデザイン・ガイドライン
出典：CAST (2011). Universal design for Learning guidelines version 2.0. Wakefield, MA: Author.
[キャスト（2011）バーンズ亀山静子・金子晴恵(訳) 学びのユニバーサルデザイン・ガイドライン ver.2.0. 2011/05/10 翻訳版]

律した学習者（学びのエキスパート）を育てることが期待されているのである。

3. 英語教師に求められる多様な引出しと適切な支援の選択

では，ユニバーサルデザインの視点に立って英語授業を展開する具体的な支援事例をいくつか示す。

（1）学びの環境の工夫

①学習の流れを明示して，学習者と共有する

・黒板の一定の箇所に授業の主要な活動の流れを提示する

・言葉と共にイラストなどを掲示する

②板書では，どこに何をどの色で書くかを一定にする（視覚的な支援）

・新出単語や語句，重要な表現，ヒントになる表現，生徒が発表する場など，黒板のどの位置に何を提示するかをルール化しておく

・板書ばかりでなく，ICTなどを駆使して，スムーズに展開する

③作業をしたり，教師と個別に相談したり，少し休むためのスペースを確保し，生徒全体とそのスペースの活用について情報を共有する

・クラス全体の前では聞きにくい質問がある場合，イライラして落ち着かない場合など，生徒1人ひとりのニーズに応じて，落ち着ける場を設定する

（2）教材を提示する上での支援の工夫

①指示は短く，明確にする

②指示は言葉プラス他の感覚器官にも訴える（言葉＋絵，カード等）

③多感覚に訴える（1つの情報を視覚，聴覚，運動感覚，触覚などの複合的な感覚器官を活用して，生徒に示す）

英語の学びを促し，自律した学習者を育てるために，教師は支援のための多様な引出しを準備し，適切な場面で生徒のニーズに応じた支援を試みたい。

参考文献

Berquist, E. (Ed.)（2017）. *UDL: Moving from Exploration to Integration.* USA, MA: CAST Professional Publishing.

瀧沢広人（2013）.『英語授業のユニバーサルデザイン　つまずきを支援する指導＆教材アイデア50』東京：明治図書.

村上加代子（編著）（2019）.『目指せ！英語のユニバーサルデザイン授業』東京：学研プラス.

（築道和明）

Q45 英語授業における主体的・対話的で深い学び を説明しなさい

1．そもそも「主体的・対話的で深い学び」とは？

　「主体的・対話的で深い学び」とは，いわゆる「アクティブ・ラーニング」を学校教育向けに分かりやすく言い換えたものである。『中学校学習指導要領（平成29年告示）解説 総則編』では次のように説明されている。

①学ぶことに興味や関心をもち，自己のキャリア形成の方向性と関連付けながら，見通しをもって粘り強く取り組み，自己の学習活動を振り返って次につなげる「主体的な学び」が実現できているかという視点。

②子供同士の協働，教職員や地域の人との対話，先哲の考え方を手掛かりに考えること等を通じ，自己の考えを広げ深める「対話的な学び」が実現できているかという視点。

③習得・活用・探究という学びの過程の中で，各教科等の特質に応じた「見方・考え方」を働かせながら，知識を相互に関連付けてより深く理解したり，情報を精査して考えを形成したり，問題を見いだして解決策を考えたり，思いや考えを基に創造したりすることに向かう「深い学び」が実現できているかという視点。

　①〜③を1つずつ，英語授業に当てはめて考えてみよう。

（1）主体的な学び

　ポイントは，「見通しをもって」である。児童・生徒の立場から見たときに，教員が与えてくれる「今日の授業のめあては○○です」という目標に向かって，教員が与えてくれる説明を聞き，教員が問う質問に答え，教員に指示されるままに活動をするだけでは，いくら授業にまじめに取り組んでいても，「主体的な学び」とは言えないということである。学ぶ主体である児童・生徒自身が，「今日の授業（この単元）では，これからこのようなことを学んでいくのだな」という展望を持って授業に参加できるような配慮や仕掛け

が必要なのである。

　例えば，新しい教材を導入する際に，児童・生徒がつまずきそうな言語材料など，教員が先回りして与えてしまうのではなく，まず児童・生徒が今持っている力だけでどれだけのことができるか挑戦させてみて，その中で分からない・できない部分には印を付けさせておく，ということができる。そうすると，児童・生徒にとっては，授業の中で自分が何を学ぶべきかが明確になるので，自発的な学習が促される。また，このように，自分で目標を設定し，見通しを持って取り組める児童・生徒は，学習の進み具合についても自己管理・自己調整ができるようになる。これが「自己の学習活動を振り返って次につなげる」ということである。

（2）対話的な学び

　これは，単にペア・ワークやグループ・ワークをしましょう，ということではない。大切なのは，そこでの対話が「自己の考えを広げ深める」ことにつながることである。ペアやグループで話し合いをしていても，1人ひとりが自分の考えを発表するだけでは不十分で，相手の考えを聞くことで自分の考えを修正したり，お互いのアイデアを組み合わせることで一人ひとりの考えが洗練されたり，という知的な過程が「対話的な学び」なのである。

　例えば，30秒スピーチのような言語活動において，児童・生徒がお互いのスピーチを聞いて評価するだけでは，ただの「発表会」に過ぎない。しかし，そこから発表者のスピーチを改善するにはどうすればよいかを話し合うならば，それは「対話的な学び」につながる。（児童・生徒の話し合いを「自己の考えを広げ深める」対話にするための視点については，次のQ46を参照のこと。）要するに，「三人寄れば文殊の知恵」ということで，個々の力は平凡でも，それをお互いが出し合うことで，1+1+1が3を超えるような学びが，ここでは想定されているのである。

（3）深い学び

　教わったことを教わった形のままでしかアウトプットできない学びは「浅い学び」である。その対極の，教わったことを変形させたり，他の事項と関連付けながら柔軟に運用したりできるようになる学びが「深い学び」であ

る。言い換えれば，さまざまな場面で応用の利く力が育っていれば，「学び
が深まった」ということになる。

　なぜ学びに「深さ」が必要かというと，現実の課題が複雑だからである。
「資質・能力」の柱の1つである「思考力，判断力，表現力等」については，
その前に「課題を解決するために必要な」（学校教育法）や，「未知の状況に
も対応できる」（学習指導要領）といった文言が付いている点が重要である。
学校で教わった知識・技能が，そのままの形で適用できる場面は限られてい
るため，学校においても，習得した知識・技能を柔軟に活用することを前提
とした学習指導が求められているのである。

　さて，「深い学び」について決定的に重要なのは，「『見方・考え方』を働か
せながら」の部分である。「見方・考え方」とは，平成29年改訂学習指導要
領で導入されたもので，各教科等の特質に応じた物事を捉える視点や考え方
のことである。外国語科の「見方・考え方」は，『中学校学習指導要領（平成
29年告示）解説 外国語編』で次のように定義されている。

> 外国語で表現し伝え合うため，外国語やその背景にある文化を，社会や世界，
> 他者との関わりに着目して捉え，コミュニケーションを行う目的や場面，状況等
> に応じて，情報を整理しながら考えなどを形成し，再構築すること

　冒頭の「外国語で表現し伝え合うため」という目的は，当たり前のことの
ようでいて，意外と忘れがちである。英語に関するさまざまな知識や技能
は，それ自体が目的なのではなく，現実のコミュニケーションに活かされて
こそ価値がある，という考え方がここには表れている。また，「コミュニ
ケーションを行う目的や場面，状況等」に対する意識も忘れてはならない。
授業中の学習活動について，「この学習は，具体的にはどのような目的・場
面・状況で活用できるものだろうか？」と自問してみると，目の前の言語材
料を習得することに終始して，それをどのように活用するかを十分に考慮し
ていないことに気がつくことも多い。

　例えば，近年盛んに用いられる言語活動にリテリング（オーラル・リプロ
ダクション）があるが，文章の内容を自分なりの言い換えも加えながら復元

して言う，という言語使用は，実際にはどのような目的・場面・状況において行われるのだろうか。自分が読んだ文章について，それをまだ読んでいない誰かを想定して，その相手に向かって説明する，という具体的な目的・場面・状況を想定するならば，その相手の予備知識や制限時間などを考慮に入れながら，伝えるべき情報や伝え方を選んでいくという，思考・判断・表現の性格の強い言語活動になる。一方で，コミュニケーションと言うよりも，言語材料の定着や技能の自動化を意図した語学訓練と割り切って行うのであれば，活動の留意点もまた異なってくる。

2.「主体的・対話的で深い学び」のカギは「課題設定」

「主体的・対話的で深い学び」は，大人が社会で経験する学びと似ている。というよりも，学校での学びを社会での学びに近づける，あるいは，学ぶ場所にかかわらず何かを学ぶということの本質を学校教育に反映させる試みが，「主体的・対話的で深い学び」であるとも言える。現実の社会で直面する課題の多くは複雑で直線的な解決は望めない。であるならば，学校で児童・生徒に与える課題も，同じく複雑で，安直な単一の解が期待できないようなものであるほうがよい。例えば，「自分たちの学校を英語で紹介する」という活動をさせるとして，海外の姉妹校を訪問したときにプレゼンテーション方式で話すのか，学校で留学生を迎えたときに校内を案内するために個人的な会話として話すのか，あるいは，学校のウェブサイトに掲載するために書くのか，という，「目的・場面・状況」によって，生徒が考えるべきことは自然と変わってくる。こうした設定があいまいだったり，現実味のない設定だったりすると，どうしても言語活動が「ごっこ遊び」や機械的な作業に終始し，「主体的・対話的で深い学び」からは遠くなってしまう。特に，「受動態を使う活動」のように，言語材料をベースに言語活動を組み立てようとすると，不自然な活動になりがちである。むしろ，言語材料に慣れさせる段階では，活動の真正さよりも，提示する用例や練習問題の英文が，英語として自然で文脈的に無理のない「実際に使われそうな」英文になっているか，という配慮の方が大切であろう。

（山岡大基）

155

Q 46　生徒の主体的な学びのための教師の役割を説明しなさい

1．「主体的な学び」は生徒の自己責任？

　学校教育で育てるべき力については，学校教育法第三十条第二項に次のように規定されている（下線は引用者による）。

　　生涯にわたり学習する基盤が培われるよう，<u>基礎的な知識及び技能</u>を習得させるとともに，<u>これらを活用して課題を解決するために必要な思考力，判断力，表現力その他の能力</u>をはぐくみ，<u>主体的に学習に取り組む態度</u>を養うことに，特に意を用いなければならない。

　3つの下線部は，いわゆる「学力の3要素」と呼ばれるもので，学習指導要領においては，それぞれ「知識及び技能」「思考力，判断力，表現力等」「学びに向かう力，人間性等」という用語で言い表されている。
　ここで大切なことは，「主体的に学習に取り組む態度」は，学校教育の中で「養う」ものとされている，ということである。つまり，学力の一部として意図的に育てなければならない。例えば，過去形の知識が身についていなかったり，過去形を用いて出来事を報告することができなかったりすれば，それは，「知識及び技能」あるいは「思考力，判断力，表現力等」が十分でないということになり，その責任は，学ぶ側だけでなく，それらの学力を十分に育てられなかった教える側にもあると考えるのが当然である。それとまったく同じで，「主体的に学習に取り組む態度」が十分でないならば，それは，児童・生徒だけでなく教員の責任でもある，と考えねばならない。
　「主体的な学び」と教員の役割との関係について考える際にも，この留意事項がそのまま当てはまる。つまり，「主体的な学び」とは，学びの責任をすべて児童・生徒に預けてしまうのではなく，むしろ，教員が意図的に働きかけることで，徐々にそのような学びができるように導くべきものなのである。
　では，「主体的な学び」の実現に向けて，教員はどのように働きかけるべ

きであろうか。平成29年改訂中学校学習指導要領における「主体的な学び」
の定義に，そのヒントがある。

　　学ぶことに興味や関心をもち，自己のキャリア形成の方向性と関連付けながら，
　　見通しをもって粘り強く取り組み，自己の学習活動を振り返って次につなげる
　　「主体的な学び」

　児童・生徒が，英語学習を「自己のキャリア形成の方向性と関連付け」た
り，英語を学ぶ過程で「見通しをもって粘り強く取り組」んだり，「自己の
学習活動を振り返って次につなげたりする」ことができるように，働きかけ
ればよい，ということが分かる。より外国語科に即した形では，中央教育審
議会（以下，中教審）答申「幼稚園，小学校，中学校，高等学校及び特別支
援学校の学習指導要領等の改善及び必要な方策等について」（平成28年12
月）が，次のように述べている。

　　「主体的な学び」の過程では，外国語を学ぶことに興味や関心を持ち，どのよう
　　に社会や世界と関わり，学んだことを生涯にわたって生かそうとするかについ
　　て，見通しを持って粘り強く取り組むとともに，自分の意見や考えを発信したり
　　評価したりするために，自らの学習のまとめを振り返り，次の学習につなげるこ
　　とが重要である。このため，コミュニケーションを行う目的・場面・状況等を明確
　　に設定し，学習の見通しを立てたり振り返ったりする場面を設けるとともに，発
　　達の段階に応じて，身の回りのことから社会や世界との関わりを重視した題材
　　を設定することなどが考えられる。

　要するに，身につけた英語力を，実際にどのような目的・場面・状況で活用
したいかを児童・生徒に意識させたり，効果的なコミュニケーションを行う
ために既習事項を整理させたり，という働きかけを通じて，児童・生徒が自
ら「主体的な学び」ができるようになっていく，ということである。

2.「ファシリテーター」としての教員

　児童・生徒の「主体的な学び」を促す教員の役割は，近年の用語では，
「ファシリテーター facilitator」と言い表すことができる。facilitate とは，辞書

では，"to make an action or process possible or easier"（*Oxford Advanced Learner's Dictionary*）と定義されている。つまり，知識を上から教え込むのではなく，まず，自ら学ぼうとする児童・生徒がいて，それを横から支え，彼（女）らが困ったときには道を示してあげる存在，というイメージである。

　しかし，このイメージを現実の教室でそのまま実現するのは簡単ではない。まず，児童・生徒自身が学びに向かうためには，適切な課題が設定されていなければならない。また，課題を解決するためには，適切な知識や技能が身についていなければならない。さらに，仮に課題解決に成功したとして，その解決法が最善のものであったか，他にやり方はなかったかなど，学習を振り返って次につなげるための評価の枠組みが共有されていなければならない。これらはすべて，専門家たる教員が主導しなくてはありえないことである。中教審答申が「『主体的・対話的で深い学び』の実現とは，特定の指導方法のことでも，学校教育における教員の意図性を否定することでもない」と明言するのも，そのような認識と関係があるだろう。

　このように考えると，「ファシリテーターとしての教員」には，単に知識を教え込むよりも高度な専門性が求められることが分かる。適切な課題を設定し，その課題を解決するための知識・技能を身につけさせ，課題解決への試行錯誤を適切に補助し，課題解決ができたら振り返りを促す。これらのことをするには，教科についての十分な専門知識だけでなく，児童・生徒の学習を適切に見取って個別の状況に応じた対応をする力量が必要である。

　では，そのような指導は，どうすればできるのか。1つの考え方として，授業の中で，教員主導で「教え込む」局面と，児童・生徒主導で「考えさせる」局面を分けることができる。例えば，英語のパラグラフが「抽象から具体へ」という構成を持っている，という知識は，教員主導で教え込んでしまう。次に，ある文章における「抽象−具体」の関係を生徒に考えさせる。このとき生徒は，教わった知識を活用して，自分たちなりに思考する。また，生徒にあるテーマについて文章を書かせてみて，その中で「抽象−具体」の構成が作られているかを，生徒どうしで相互評価させる。このような展開が可能であろう。ここでは，生徒が思考・判断・表現するための拠り所となる枠

組みは教員主導で与えてしまって，その枠組みを使って生徒が課題解決をする局面で「主体的な学び」が促される，という構造になっている。

　また，児童・生徒の状況の見取りと適切な補助については，美術教育に起源をもつ「対話型鑑賞」の手法が参考になる。「対話型鑑賞」とは，美術作品の鑑賞において，教員が作者の人物像や作品制作に関わる事実的知識を与えるのではなく，児童・生徒が作品そのものを注意深く見ることによって得た気づきを出発点に，対話を重ねながら，その作品の深い解釈へと迫っていく鑑賞指導のあり方である。具体的には，次のような手順である。まず「絵の中で何が起こっている？ What's going on in this picture?」という問いかけで，児童・生徒がその作品について気づいたことや疑問に思ったことなどを引き出す。次に「どこからそう思う？ What do you see that makes you say that?」で，その気づきや疑問の根拠を，自分の単なる印象ではなく作品の中に求めさせる。そして，「もっと分かることはない？ What more can we find?」等で，児童・生徒の思考をさらに広げる。

　この過程を通じて児童・生徒は，自分の解釈や疑問を作品に基づいて他者に分かってもらえるように論理的に説明する必要に迫られる。しかし，慣れないうちは，目の前の作品そのものから気づくことだけでなく，自分が既に知っていたことや，多かれ少なかれ飛躍のある推論が入り混じってしまい，はっきりと切り分けることが難しい。そこで，教員が，児童・生徒の言おうとしていることをくみ取り，適切に整理したり言い換えたりしてクラス全体で共有する。そうすることで，対話が本題から逸れてしまわないよう方向付けをしながら，児童・生徒の思考をさらに広げ深めることができる。このとき，対話の中の何が本題に即していて，何が本題から逸れているのかは，児童・生徒だけでは判断が難しく，専門家の「目利き」が必要になる。こういった教員の介入のあり方は英語の授業にとっても示唆的である。

参考文献

Yenawine, P.（2013）．*Visual Thinking Strategies: Using Art to Deepen Learning Across School Disciplines*. US, Massachusetts: Harvard Education Press.　　　　　　　　　　　　　　　　　　　　　　　　　　（山岡大基）

Q 47　自律した学習者を育成するにはどうすべきか を述べなさい

1．どんな学習者を自律した学習者と言うの？

　自律しているとは，活発であることや目立つのが好きといった学習者の性格を意味するわけではない。厳密に定義することは難しいが，「自ら目的を設定し，状況に応じてその目的の達成に必要な手段を考え，実行できること」が自律した学習者の持つ資質と考えることができる。言い換えれば，①目標や課題を設定する力と，②必要な手段を考える力，③実際に実行できる力が自律した学習者の資質であると言える。

2．「自由にさせる」で学習者は自律するの？

　昨今，「自由にやらせること」が学習者の自律を促すといった風潮があるが，それだけで全ての学習者の自律を促せるという単純なものでもない。次のような場面を考えてみよう。それぞれ以下のような資質を持った4人の子どもが料理を作る練習をしようとしている。

表5-47-1　4人の子どもの資質

子どもA	作るべき料理も調理方法も自分で決めて，料理ができる。
子どもB	作るべき料理を決めてもらえば，調理方法を自分で考えて料理ができる。
子どもC	作るべき料理を決めてもらい，かつ調理方法を与えられれば料理ができる。
子どもD	作るべき料理を決めてもらい，かつ調理方法を与えられた上で，調理方法を誰かに指示してもらえたら料理ができる。

(筆者作成)

　この4人の子どもに対して，「自由に料理を作ってください」と伝えた場合，Aは自分で創意工夫を凝らして料理をするだろうし，Bにとっては作る

べき料理を自分で決めるというトレーニングになるだろう。しかし，CやD
にとっては，作るべき料理もわからず，調理方法も教えてもらえない，アド
バイスももらえないとなれば何もできずに終わってしまい，トレーニングに
ならないだろう。Cには「カレーを作ることにして，レシピは自分で考えて
みよう」と助言し，Dには「カレーをこのレシピで作ることにして，あとは
自分でやってみよう」と助言するなど，習熟の段階によって指導の具体性を
調節する必要がある。

　先に述べたように，自律した学習者は①目標や課題を設定する力と，②必
要な手段を考える力，③実際に実行できる力を兼ね備えている。4人の子ど
もの資質をそれにしたがって整理すると以下のようになる。

表5-47-2　4人の子どもと自律した学習者の資質の関係

	子どもA	子どもB	子どもC	子どもD
目標や課題を設定する力 （＝料理を決める力）	○	×	×	×
必要な手段を考える力 （＝調理方法を考える力）	○	○	×	×
実際に実行できる力 （＝調理をする力）	○	○	○	△

（筆者作成）

　自由にやらせることが効果的であるのは既に一定の自律をしている学習者
である。「自由にしなさい」と言われてどうしてよいかわからない学習者が，
自由に創意工夫を働かせることができるようにすることも指導者の役割であ
る。その上で指導者に求められるのは，自分であればどのような目的を設定
し，その達成に向けてどのような手段をとるのかという指導者なりのビジョ
ンを持った上で，学習者が背伸びすれば出来ることと，背伸びしても出来な
いことを見極め，学習者の必要に応じて適切な助言を行い，学習者が自ら目
標や課題を設定する力を身につけ，その目的を達成できるようにサポートす
ることである。

3. 英語の指導を通じて自律的な学習者を育てるための方法は？

（1）英語コミュニケーションにおける自律的な学習者とは

　英語によるコミュニケーションの場面において自律している学習者とはどのような学習者だろうか。先に述べた「自ら目的を設定し，状況に応じてその目的の達成に必要な手段を考え，実行できること」に照らして考えると，「コミュニケーションの目的を自ら設定し，場面に応じてその目的の達成に必要な内容を考え，実際に表現できること」とすることができる。では，どのようにしてこういった学習者を育成することができるのだろうか。

（2）指導において心がけることは？

　英語の指導においては，プレゼンテーションやスピーチ，ディスカッション，ディベートといったコミュニケーションの様式や，学校での会話，街の中での道案内など，コミュニケーションの場面は定められていることが多いが，大切なのはその目的を学習者に理解させ，最終的には学習者自身で考えられるようにすることである。なぜなら，この目的がふさわしい表現内容や表現方法を選択する尺度になるからである。この目的を設定することで，どのような思考が働くのかを次に示す。

（3）自律的な学習者の思考の一例

　会社の新商品のPRをするプレゼンテーションを行うことになったとして，聞き手として想定されているのは，別の会社の人々だとすると，どのようなプレゼンテーションが考えられるであろうか。まず目的としては，新商品のPRである以上，「新商品に関心を持ってもらう」ことが目的として挙げられるだろう。では，そのためにはどのような内容，表現手段が考えられるだろうか。内容としては既存の商品と対比する形で紹介をしてみたり，聞き手のニーズを満たすものとして紹介してみたり，様々な方法がある。それを表すための英語の表現も，商品を印象づけることが目的であれば，長々とした1文を用いるよりは，短い文を端的に喋る方がよいだろう。また，聞き手が別の会社の人であれば聞きなれない専門用語は出来るだけ避けるべきである，といったように，新商品に関心を持ってもらうという目的や場面に照らし

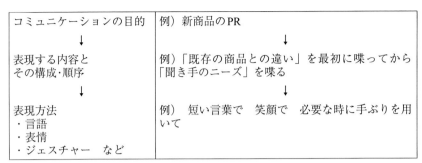

コミュニケーションの目的	例）新商品のPR
↓	↓
表現する内容と その構成・順序	例）「既存の商品との違い」を最初に喋ってから 「聞き手のニーズ」を喋る
↓	↓
表現方法 ・言語 ・表情 ・ジェスチャー　など	例）　短い言葉で　笑顔で　必要な時に手ぶりを用いて

図5-47-1　自律的な学習者の思考の一例（筆者作成）

て，内容や表現を取捨選択，言い換えれば思考・判断することになる。学習者がこのような思考を働かせられるように，普段からコミュニケーションの目的について考えさせるように心がけたい。

（4）自律的な学習者の前に

　以上のように，英語の指導を通じて自律的な学習者を育てるうえで，コミュニケーションの目的や，個々の表現を用いる目的を考えさせ，ひいては学習者自身が自らのコミュニケーションを評価するための視点や尺度を獲得させると同時に，それらの視点や尺度を継続的に発展させられるよう指導することが非常に重要である。そのためには，指導者が授業を立案する際に，指導者自身の視点や尺度で扱う教材を分析しておくことが必要である。英文の教材研究を行う際に，その文章がどのような社会背景から書かれたものなのか，筆者はどのような意図をもち，どのような読者を想定して書いたのかを考えることで，挙げられている内容や，用いられている表現が適切なのかを評価することができ，そういった視点の言語使用を促すような働きかけを学習者に行うことができる。こういったものは，指導書や本文中に答えを探しても明確な答えは得られないことが多いが，（適切と言える根拠を出来るだけ持って）自分なりの答えを提示しようとする指導者の姿勢を学習者に見せることが何より大切である。

（久松功周）

第6章　英語科の授業づくり

Q 48 教材研究の視点を説明しなさい

1. 教育実習生の指導案作りの過程でみられる教材研究の一例

　筆者はこれまで多くの実習生の授業づくりに携わってきたが、実習生の数だけ異なる発想があり、教材研究の段階だけでも、自分だけでは気づかない点も多々あり、何かと勉強になる。しかし一方で、授業をしてみてうまくいかないことが明らかな準備の仕方というものがあることが分かってきた。

　失敗する授業の一例は、教材研究で調べたことを、できるだけ多く説明する場面を設けようとするものである。一生懸命に調べたのだから、それを生徒に伝えたくなる。しかし授業は、生徒が英語を使えるようになるためのものである。教師が説明すれば知識は伝達される。たくさんの知識を持っていれば、英語を使えるようになる。前述の失敗例の多くでは、そのような前提で「教材研究」がなされ、教師の説明が授業時間の多くを占めていた。それがいけない理由を、ここで考えていく。

2. 教科書を使った授業に必要な教材研究の視点とは

（1）教科書の題材理解は授業の「目標」か「手段」か

　まずは、教科書を授業の中でどのように位置づけるか、ということを決めなければならない。その位置づけは、聞いたり読んだりするための題材なのか、話したり書いたりするためのトピックなのか。

　前者であれば、学習の目標は、生徒が教科書で与えられるものを理解することとなる。その場合、教材研究の段階で教師が最初にするべきことは、目標となる題材を言語項目として分析することである。そして、生徒の既習事項を把握し、言語習得の順序からくる困難点などもあわせて、学習の困難点を総合的に予想し、生徒が目標の言語項目を習得できるよう手立てを考える。

　後者であれば、生徒は教科書で与えられるものを「きっかけ」に、持って

いる知識を使って何らかの自己表現活動を行うことになる。「きっかけ」としての題材と，目標に想定されているアウトプットとの間をどうつなぐかを考えることが，教材研究の段階での教師の主な役割となる。教科書の題材を読んだり聞いたりした後，その題材について読んだ感想や，題材について関連したテーマについて話したり書いたりする活動に必要なことが何かを考える。

（2）言語項目の扱い方

　調べたことを，できるだけ多く詰め込んで展開しようとする授業があまりよくないものであると述べた。授業を通じて，生徒が，何ができるようにしたいかを考えずに指導案を書くと，教師が生徒に対し，一方的に説明するだけの授業になってしまうことが良くある。扱うべき言語項目を「定型表現」「語彙」「文法」のどれであると考えるのか。このように考えると，その項目を授業の中でどのように扱うべきかの見当がつくようになる。

　例えば，Glad to see you. という表現を授業で扱うには，「定型表現」「語彙」「文法」のどの切り口でも良い。「定型表現」，として扱えば，教えることは，発音，言語の働き，使う場面の3つに絞ることができる。生徒の学習歴にかかわらず，いつでも導入することができる。使う場面が明確であるなら，説明はほとんど不要で，その表現を使う活動を設計するときに，場面設定を自然なものとし，練習する機会を提供すれば良い。次に，「語彙」として扱うとすれば，例えば気持ちを表す表現をまとめて導入したり，復習したりする際，その一例として使うことができる。この場合，gladの発音，意味と，場合によっては語法を導入することが可能であろう。3つめの「文法」説明の題材であれば，不定詞の用法を学習する時に使うことができる。気持ちを表した後，その理由を不定詞で説明できるようにすることが目標の授業において，その一例として使えばよい。

　これら3つの切り口は，それぞれどれも大切な観点ではあるが，一回の授業にすべてを押し込んでしまうと，その表現形式には詳しくなるが，辞書や参考書に何が書いてあるかを詳しく読むような授業になってしまう。あるいは，使えるようにはなるが，何十分も授業時間を使って，使えるようになる

フレーズは限定されたものだけである。

　教科書に載っている言語項目の理解のために，質の良い例文は不可欠である。生徒の既習事項を踏まえ，説明のための例文や練習問題を自分で選んで準備できるようになれば，理解や習得を促す活動を作る第一歩となる。この際，自分で作った英文を使うことは，できるだけ避けるべきである。異なるレベルの英英辞典を用意し，生徒の英語力にあった例文を提供しよう。

（3）カリキュラムの中での位置づけ

　新しいことを教える時には，その理解に関連付けられそうな既習事項を丁寧に把握し，指導に反映させることが非常に重要になる。新しい知識を教える時には，既習事項との対比を通じて，新しい知識が定着しやすくなるように説明を考えるべきである。教材研究の対象の題材だけでなく，前年度も含め，それより前に生徒がどのように学んできたか，知らねばならない。まずは，小中高の校種を問わず，生徒が実際に使っていた教科書を手に入れて読むことから始めるべきであろう。熟読が無理なら，目次を見るだけでも良い。

　教科書の文法項目の配列は，言語習得研究の知見を活かしているはずであるが，習得の難易度は，配列とは必ずしも一致しない。例えば，三人称単数現在形の動詞の語尾につける -s や，過去形の規則動詞の - edが，英語使用の中で正しく使えるようになるのは，初めて学んでから，意外と先のようである。タスクの中で，十分に使わせることなく，それらの観点だけで正確さを評価するのは，生徒にとっては不当につらいことになりかねない。

　新しいスキルを教える時には，認知負荷が軽いものから重いものに配列するべきである。認知負荷の軽重について，道案内の場面の言語活動を例にあげて考えるとする。道案内での表現は，1年生であれば命令文や前置詞，2年生であれば助動詞や接続詞ifの導入と連動させて学ぶことが多い。しかし実際の言語活動の設計には，言語項目のバラエティだけでなく，認知負荷の複雑さも併せて考えると良い。最初の言語活動では，簡略な地図を使い，地図上に経路を書いておくくらいがよい。活動前に，個別に新しい表現の口慣らしをする時間を取る必要があるかもしれない。この段階では，まずは最低

限必要な表現を使って，道案内を目的とした対話の展開パターンに慣れることを目標とする。2回目以降の道案内の活動では，地図を複雑にしたり，目標地点への経路上に，道順の描写の目印となる建物を複数記載したりして，道案内を目的とした対話に必要な言語材料のバラエティを増やし，現実の言語使用に耐える英語力に高めることを目標とする。同じ目的の言語活動を複数回経験させていく際，生徒に要求する言語使用のauthenticityを高めていくと，学習の動機づけも維持しやすい。

（4）単元計画や授業展開の中での位置づけ

　教科書は，その多くが「提示」「練習」「表出」の段階を経て使うように編集されている。「表出」活動をゴールに単元計画を考える。単元の目標を達成するための言語活動をまず考え，その活動に必要な知識やスキルは何かを検討し，逆算してそれらを「提示」や「練習」する活動に含め，配列する。

　「表出」の段階で自己表現させるのであれば，生徒の発話の質について，「流暢さ」「複雑さ」「正確さ」のどれに焦点を当てて評価するかを考えるべきである。不定詞を用いた表現を練習させるのであれば，例えば次の3つの側面に焦点をあてた，異なる練習場面が考えられる。

①新しく知った不定詞を適切な場面で，流暢に使えるようにする。

②気持ちだけではなく理由も添えて使い，自分の言いたいことに対し正確に言うため，複雑な形式での表現に慣れさせる。

③同じ語法の形容詞を集めて使う練習をして，正確に使える表現を増やす。

　使えるようにするといっても，このように異なった趣旨で練習させることが可能なのである。該当項目が初出なのか，2回目以降なのか，必要な語句が既習なのかなども勘案して，どの側面に焦点を当てて，特に伸ばしていくのかを考え，生徒に使わせたい表現を集めて活動を設計し，単元計画に組み込むと良い。

（千菊基司）

Q 49 学習指導案の作成方法を説明しなさい

1．学習指導案に何を書けばいいの？

　教育実習や研究授業などにおいて作成が求められる学習指導案（以下，指導案）については多くの場合様式が定められているので，基本的にはそれにしたがって書くことになる。その内容としては以下に挙げたものが考えられる。

表6-49-1　指導案の一例

①日時 ②学年・クラス	基本的な情報
③単元名 ④単元観（単元の特徴の説明） ⑤生徒観（生徒の特徴の説明） ⑥指導観（単元観，生徒観を踏まえた指導上の説明） ⑦単元目標・評価規準 ⑧単元計画	単元に関わる部分
⑨本時案（授業の展開） ⑩板書計画	本時に関わる部分

（筆者作成）

　指導案と聞くと，本時に関わる⑨本時案や⑩板書計画の作成に意識が向かいがちであるが，単元全体の前提やねらい，見通しに関わる情報（③〜⑧）をきちんと吟味しておくことが，1つ1つの授業のねらいをより明確にする上で重要である。また，後の授業評価を行う上での重要な判断材料にもなる。作成が求められるのが本時案，板書計画のみだったとしても，その授業の背景となる，単元に関わる内容も必要とあれば答えられるように準備しておかなければならない。

2．指導案を書く上で何に気を付けたらいいの？

　教育実習や研究授業で書く指導案には，授業者が考えを整理したり，授業を行う際に展開を確認したりするためのメモとしての機能もあるが，その読者として授業の観察者が想定されていることに留意したい。授業者がどのような意図で授業をデザインしたのかを観察者に正しく理解してもらうことによって，適切な授業の批評につながり，ひいては授業の質を高めることになる。そのためには，観察者の誤解を招くことのないように，具体的に書くことを心がけたい。例えば，「しっかりと本文内容を理解させる」という記述については，何をもって「しっかりとしている」のかが曖昧である。本文の要点を理解することが「しっかりとした」理解であると解釈する観察者もいるし，本文の文章構成を理解することが「しっかりとした」理解であると解釈する観察者もいるのである。「初出の語彙，文法は，辞書指導や説明を通じて理解させ，正確な知識に基づいて本文内容を理解させる」といった記述にすれば，言語材料の指導を通じて正確な内容理解を図ろうとする授業者の意図が明確になる。「ちゃんと」，「しっかり」，「きちんと」といった言葉はできるだけ避け，その言葉が意図するものを具体的な言葉に言い換えて表すことが大切である。

3．単元に関わる部分はどうやって書けばいいの？

　単元に関わる部分は，単元内の1つ1つの授業をデザインしていく上での前提，ねらいとなる部分である。手順としては，単元目標・評価規準を書いてから，それを軸として単元観，生徒観，指導観を書いていくと，授業者のねらいが明確に伝わりやすくなる。イメージとしては，「こんなゴールを目指す上で（単元目標・評価規準），教材のこのような特徴に注目して（単元観），生徒のこのような特徴に配慮しながら（生徒観），このように工夫をして指導を行っていく（指導観）」といったように，単元目標・評価規準→単元観→生徒観→指導観のつながりが読み取れるように書いていきたい。

表6-49-2　単元に関わる部分の一例

単元（題材）名：Lesson 1 *Rakugo* in English!

（*ELEMENT English Communication I* 啓林館）

単元について

1.　単元観：本題材では，英語による落語を行っているKatsura Kaishiに対するインタビューを通じて，彼の経験や，異文化理解や英語学習についての考えが書かれている。出来事を表す過去時制やthink, hopeといった動詞に着目させ，事実と意見を区別させることのできる題材である。

2.　生徒観：実力テストや課題の提出状況から，英語学習に対する姿勢は良好であると考えているが，語法や熟語といった言語材料の点での知識不足が伺えた。事実と意見の区別など，文章構成に関わる知識は未習である。

3.　指導観：生徒の課題である語法や熟語といった言語材料の知識については，単元の1時間目に辞書指導や説明を行い，知識不足によって理解が阻害されないようにし，最終活動で内容をまとめる際に必要と判断したものについては，暗唱を通じて使える段階まで指導する。また，文章構成を読み取る指導は初めて行うため，事実と意見を区別させる前に，英問英答を通じた概要理解を行うなど，段階的な指導を心がけたい。

単元の目標

1.　事実と意見を区別して，インタビューの内容を英語で書いてまとめる
2.　聞き手に配慮しながらやりとりを行う

単元の評価規準

1.　事実と意見を区別して，インタビューの内容を英語で書いてまとめることができる
2.　聞き手に配慮しながらやりとりを行っている

（筆者作成）

（1）単元目標・評価規準の書き方

　単元目標と評価規準の記述については，単元で設定した目標が達成できているかどうかが評価規準となるので，文末を除いては同じ記述でよい。その記述文は，学習指導要領の用語を用いて書くことが重要である。書き方とし

て避けたいのが、「Kaishiが落語を始めたきっかけを理解する」や「Kaishiの英語学習に対する想いを理解する」といった、その単元に限定された学力を単元目標とする書き方である。教科書（教材）を教えるのではなく、教科書（教材）を用いて、学習指導要領に定められた学力を育成することが授業の目的であるという前提に立てば、単元を通じた指導のゴール・目標は学習指導要領内の用語を使った能力記述文になるはずであるし、能力記述文で書くことで、用いた教材や指導法が単元目標として設定した学力を育成するために妥当であったのかという観点から、建設的に授業を検討することができる。また、例には載せていないが、単元の評価規準を達成していると判断できる英語使用のプロダクトを授業者自身で作成し載せておくと、指導の見通しも立ちやすくなるし、授業の検討もより効果的になる。左の例で言えば、実際に本文の内容を英語でまとめた英文をつけておくとよい。

（2）単元観，生徒観，指導観の書き方

単元観において書く内容としては、題材の大まかな内容と、単元目標を設定する決め手となった題材の特徴を、具体的な英語の表現などに触れながら書き、生徒観については、生徒の英語学習に対する姿勢、英語学力についての全体的な特長に加えて、単元目標を生徒が達成する上で参考になる内容を書く。また、指導観については、単元観、生徒観を踏まえ、単元目標を達成する上で行う指導の工夫、配慮について書く。具体的には、単元目標の達成に向けて、どのような活動、発問を、どのような順序で行うのか、生徒観を踏まえて生徒の特長や課題、学習の進捗状況に対するどのような配慮をするのか、といった内容を書く。以上のように、題材、生徒、指導の仕方について、設定した単元目標・評価規準との関わりを書いていくように留意したい。またここでも、「ちゃんと」、「しっかり」、「きちんと」といった言葉は出来るだけ避け、具体的な言葉で表すように心がけたい。

参考文献

卯城祐司・磐崎弘貞・深澤真・レパブーマリ・James Elwood・Patrick Stephens
　　　（2016）．*ELEMENT English Communication Ⅰ* (pp.8-19). 大阪：啓林
　　　館.　　　　　　　　　　　　　　　　　　　　　　　（久松功周）

Q 50　振り返りの意義と進め方を解説しなさい

1．何のために振り返るのか

　なぜ「振り返り」のために貴重な時間を用いるのか。広く学校教育全体で取り入れられているにもかかわらず，振り返りに対してこのような疑問がもたれることは珍しくない。一見非生産的にも見える振り返りには，学習活動としてどんな意義があるのだろうか。

　振り返りとは，経験からよりよく学び成長するために行う学習活動のことである。人は経験から学ぶ。しかし，経験すれば学べるというものではなく，経験からよりよく学ぶためには，経験を別の視点から捉え直すことが必要である。それを意図的に行うことが振り返りである。

　学習の振り返りには，学習や体験の意味付け，学習内容の定着促進，課題の把握や改善等の教育的価値があると考えられる。学習の事後に，それまでに行った認知的な活動を想起することで，見落としていたものを新しく認識することができたり，学習が強化されたりする。また，既習事項と関連づけたり，活用の場と結びつけたりすることもできる。

　また，振り返りによって，自律的な学習に繋がるメタ認知が高まるとされている。学習を評価したり，自分自身の学習への取り組みをモニターしたりすることは，意図的に実施しなくては身につかないため，振り返りという学習活動として実践するのである。

2．外国語科の授業における振り返り

　外国語科では，何のために，いつ振り返るといいのだろうか。2017・2018年改訂学習指導要領では，中学校で「言語活動を通して育成すべき資質・能力を明確に示すことにより，生徒が学習の見通しを立てたり，振り返ったりすることができるようにすること」とある。また，高等学校では「振り返ったりして，主体的，自律的に学習することができるようにすること」とあ

174

る。つまり，学習効果を高め，主体的に学習する態度を身に付けさせるために振り返ることとされている。授業の終盤，あるいは単元の学習の後で，他教科や領域でも同じように実施される事後の振り返りとは別に，外国語科では，コミュニケーション能力をつけるために，話すことや書くことの活動の途中に，中間評価の形で使用言語や伝え方等を振り返ることがよく行われる。振り返りによる気づきを次の段階の活動に活かすことで，表現する力等が高まると考えられているからである。

3．振り返る力を育む

　教室には，うまく振り返れる生徒と振り返れない生徒とがいる。それというのも，振り返るためには，以下の①～③が必要だからである。
　①経験したことや自分自身の取り組みを対象化して観察すること
　②気づいたことや考えたことを言語化すること
　③考えや意見を論理的に表現すること
　このような力は，生徒が自然に短期間で身に付けられるものではなく，意図的な学習に一定期間以上取り組ませる必要がある。

　観察や説明が十分にできない生徒に対して，考えを理由や根拠と共に伝えることを理解させたり実践させたりするための方法として，考えを引き出し合う対話活動がある。例えば，今日の学習の成果を振り返って，「よくできた」とだけ表現する生徒に対して，「なにが？」「どのように？」「どうして？」等の質問を向けると，答えようとすることを契機に，その生徒は自分の考えに足りないことや表現のしかたの課題に気づくことができる。しかし，よい質問をすることは教師にも難しいものである。指導の初期段階では生徒に汎用性のある質問をいくつか与えておくとよい。小林（2019）は，考えを引き出すものとして次のような質問を挙げている。

　　・「どういうこと？」「どういう意味？」（意味を問う）
　　・「例えば？」（事例を問う）
　　・「なぜ～と言えるの？」「どこから考えたの？」（根拠を問う）

・「もう少し簡単な言葉で詳しく教えて」（言い換えを問う）

What do you mean? Can you give me an example? Why can you say that? 等の簡単な英語に置き換えられる上記の問いかけは，振り返りの際だけでなく，コミュニケーション活動において相手の考えを聞き出すことにも有用であり，教室の中でこのような質問と答えとが頻繁に飛び交うようにもっていきたい。

4．振り返りの実際

各教科でこれまでに実践されている振り返り活動の多くは，学習の結果，考えたこと，疑問点，学習や体験についての感想，自分の取り組みなどの内容を，自由記述，段階評価，ワーク・シート，作文，という形で生徒に表現させるものである（表6-50-1）。

表6-50-1　振り返りの内容・形式・ツール等

内　　容	学習の結果，考えたこと，疑問点，学習や体験についての感想，自分の取り組み
形　　式	自由記述，段階評価，口頭発表，カンフェレンス
ツール等	思考ツール，ワーク・シート，作文，ポートフォリオ，ICT，日記，ジャーナル

（梶浦，2019，pp.50-51を基に筆者作成）

また，どの教科でも一般的なのは，学習の成果として得られたものについて，生徒に自由に記述させる振り返りである。ただ，このような振り返りが，同じ手順で繰り返されている場合，授業の終盤のルーティーン化してしまい，かえって動機が下がることもある。そのため，目的に合った指導や支援を十分に行うことに留意しなくてはならない。例えば，学習結果の自己評価を目的として振り返るのであれば，まず，目標を確認した上で，先述の対話活動に取り組ませたり，自分の考えをまとめて発表させたりするようにすること等が，指導すべきこととして考えられる。

外国語科では，卒業時までに達成すべき目標と照らし合わせて，英語力の

自己評価のための振り返りを実施することができる。生徒の実態に合わせて学校単位で作成される can-do リスト（英語を用いて何ができるようになるかを文章表記したもの）やルーブリック（パフォーマンス課題を評価するために，パフォーマンスをいくつかの要素に分けて，それぞれの段階性を示したもの）を参照しながら，ポートフォリオ（ワークシートや作品等の学習資料を体系的に収集したもの）を見直せば，自分の学びの成果と今後を展望しやすくなる。

　これまでは，特に小学校で振り返りの実践が多く行われてきた。今後は，学習のプロセスを可視化し，また評価するものとしても，中学校・高等学校での振り返りの積極的な指導と活用とが望まれる。新しい知識や技能を学ばせるわけではないが，学習を深め，主体的に学ぶ態度を身に付けさせるための有意義な活動として，中高生の実態や目的に合った効率的な方法を工夫して，振り返りを定着させたい。

参考文献

梶浦真（2019）.『＜小中学校編Ⅰ＞【新指導要領対応・増補版第10版】アクティブ・ラーニング時代の「振り返り指導」入門―「主体的な深い学び」を実現する指導戦略』埼玉：教育報道出版社.

小林和雄（2019）.『真正の深い学びへの誘い』京都：晃洋書房.

文部科学省（2018）.『中学校学習指導要領（平成29年告示）解説　外国語編（平成29年7月）』東京：開隆堂出版.

文部科学省（2019）.『高等学校学習指導要領（平成30年告示）解説　外国語編 英語編（平成30年7月）』東京：開隆堂出版.

大島純・千代西尾祐司編（2019）.『主体的・対話的で深い学びに導く学習科学ガイドブック』京都：北大路書房.

三宮真知子（2018）.『メタ認知で〈学ぶ力〉を高める―認知心理学が解き明かす効果的学習法』京都：北大路書房.

（樫葉みつ子）

Q 51　ペア・ワーク，グループ・ワーク等の学習形態の工夫を考察しなさい

1．何のためにペア・ワークやグループ・ワークをするの？

　昨今，「アクティブラーニング」，「対話的な学び」，「協働学習」を行うための手法として，ペア，グループ・ワークに注目が集まっているが，同時にペア，グループ・ワークをすることが目的となっている実践が見られることも確かである。これらの学習形態は，あくまで一斉授業の形態では得られない指導・学習効果を得るためであり，一斉授業で行った方が効果的なことをペア，グループ・ワークによって行うことは得策ではない。一斉授業の形態の意義としては，情報の発信源を教師に限定することで，必要不可欠な知識をクラス全体で共有しやすくなることや，生徒同士のやりとりを行わないことで，一人で取り組む力を高めることも考えられる。一斉授業とペア，グループ・ワークのメリットとデメリットをそれぞれよく考えたうえで，ペア，グループ・ワークを行うべきである。

2．ペア・ワークやグループ・ワークをする上で大切なことは？

（1）共有しておくべきことは正しく理解させておくこと

　ペア，グループ・ワークをさせると，統制が効きにくくなる。それによって学習者の自由度が高まることで得られる学習効果を狙うわけだが，最低限必要なルールや前提，議論の方向性など全体で共有しておくべきことは，ペア，グループ・ワークの前の全体指導で正しく理解をさせておかないと，かえって学習効果は得られなくなってしまうことに留意したい。特に，ペア，グループ・ワークの「終わり」については具体的に提示したい。何をもってペア，グループ・ワークを終わりにするのか，活動の終わりをどのようにして明示するのかを全体で共有しておくと，統制が取りやすくなる。

（2）聞く側の指導

　ペア，グループ・ワークがうまく機能するかどうかにおいて，聞き手側，受け手側の姿勢は非常に重要である。アイコンタクトや，うなずき，返事など，関心を持って聞いていることを，話す側に対して伝えるように指導しておくことが，学習効果を高めるために必要である。また，聞き手側，受け手側が学習内容について正確な評価をする能力が高ければ高いほど，ペア，グループ・ワークの学習効果は高まる。ペア，グループ・ワークを行う前に，どのような観点に気を付けておくのかを，一斉に指導しておきたい。

（3）学習者の距離・配置

　ペア，グループ・ワークにおいては学習者同士の配置にも気を付けたい。例えば，ペアで会話をさせる際に，座ったまま行うのと，ペアの間に机を二つ挟んで立たせて行うのとではどのような違いが生まれるだろうか。後者の方が声をはっきりと出す必然性が生まれてきて，声量を調節する指導につながる。そういった学習者の配置による学習効果にも注目して，学習形態を工夫したい。

（4）他人任せにならないような工夫

　ペア，グループ・ワークは，やみくもに使ってしまうと，どうしても「他人任せ」な姿勢を助長してしまう恐れがある。特に，学習者の間の学力差が大きいほど学力の高い生徒への依存が強まったり，学力差からくる劣等感などから，関わりを拒絶したりといったネガティブな結果を招く可能性がある。それを防ぐために，個人で行うべきことはペア，グループ・ワークではなく個人で取り組ませたり，ペア，グループ・ワークを行う前に個人で準備をさせてから行ったりするなどして，学習者の学習への意識や学力差に対する配慮が必要である。また，何より教師自身が「学習者にやらせておけば何とかなる」といった「学習者任せ」な姿勢にならないように，ペア，グループ・ワークを行う目的をよく吟味しておくべきである。

（久松功周）

Q 52 教材・教具，ICT 機器の活用方法を説明し なさい

　現在，テクノロジーの発達により外国語教育の環境が大きく変化をしている。一方で，教科書等の既存のものも，授業における教材・教具としては，重要な位置を占めている。本節では，こうした教材・教具の有効な活用について論じるとともに，併せてICT機器の有効な活用についてとりあげることとする。

1．教材・教具：有効活用のための教材研究の重要性

　「教材・教具」を有効に活用するために必要なものは，まずは「教材研究」である。その教材・教具が何を目的に作られているのかを理解するとともに，それを使って何を学ぶことができるのかを解釈していく必要がある。今井（2009）の指摘するように，「視点や指針のないままの教材研究は教師の自己満足的授業に陥ってしまう」ため，それをどのように選択し，活用（改作）していくのかを考えながら教材研究をしていく必要がある。具体的な視点としては，大まかに（1）言語・構造に関する分析，（2）内容・文化に関する分析，（3）タスク・言語活動に関する分析，に分けることができよう。

　（1）では，教材内容がどのような語彙，文構造，談話，文体，文章構成からなっているかを分析することである。もちろん教科書では，その具体的な構造がカリキュラム・シラバスの形で示されており，学校教育においては，学習指導要領に示されたものに基づいて作成されているとはいえ，学習者のレベルや興味・表現したい内容などの実態にあったものであるかを考える上でも吟味する必要がある。また，発信のためのものか受容のみで良いものなのかなども考えておく必要がある。

　（2）とは，教材が扱ういわゆるトピックやそこにあらわれる文化背景などに関する視点である。多くの場合，教材には様々なトピックが盛り込まれている。登場人物の個人・家族に関わるものや現在の社会的問題を含めて，

人文・理系とその幅は広く設定され，現在は，サブカルチャーやAI，災害・危機管理などについても多く扱われている。しかし，できるだけ学習者の興味を喚起するもの，教養として持っておいて欲しいものを選択してあるとはいえ，書籍教材の改訂は時間的にそのサイクルが長いため，学習の時期とそぐわない場合もある。また，教材が扱える分量の関係で，内容が十分に提供されていない場合もある。関連するトピックについては，教材で示されていることにとどまらず，広くかつ深めて情報を得ておく必要がある。

「文化」については，トピックのように簡単に定義・整理できるものではないが，「外国語でのコミュニケーションに資するもの」を一義的に扱いつつも，外国語の授業は異文化を見る視点を養う重要な場であることを考えると，様々な考え方やそれを培った文化的背景を扱うことは重要である。その際に，単なる知識の伝達にならぬよう，学習者自身が体験したり，気付いたりできるような指導と関連づけたい。文化には「明らかにみてわかるもの」と「かくれたもの」とが存在し，その指導は容易ではないが，教材を通して，学習者の気づきを促すことで，自文化や異文化への意識高揚をはかることが必要である。

（3）は，実際の活動に関する視点である。個々の活動がどのような目的で設定されているのかを理解することが肝要である。4技能（5領域）のどれに（または統合的に）焦点を当てた活動なのか，実際の意味のやりとりのある活動である「言語活動」では，コミュニケーションの目的・場面・状況がどのように設定されているのかを理解し，実際の学習者の生活場面に合わせていくことも求められる。教材にあるからその順に進めていくというのでは，教材の効果的な活用とはならない。

2．活用

それでは，具体的に教材を活用するテクニックはどのようなものがあるだろうか。深澤(2009)は，「教材の改作」と称し，次のような方法を挙げている。

（1）付加（adding）　　　（2）削除（deleting）または省略（omitting）
（3）簡略化（simplifying）（4）提示順変更（reordering）

個々の方法については，深澤（2009）を参照していただきたいが，こうしたテクニックは，十分な教材研究と学習者の実態理解の上に立っていることを忘れてはいけない。教師には教材を学習者につなげ，より大きな成果を上げられるような活用力が求められる。

３．ICT 機器の活用の可能性と教師の役割

2020年度から小学校ではプログラミング学習が必修となったことに併せて，近い将来，学習者に1人ずつコンピュータを使えるような環境整備が整えられる予定である。また既に，多くの外国語学習ソフト（アプリ）が市場にあり，外国語の検定教科書の多くにデジタル教科書が準拠教材として販売されている。今後，外国語授業・学習を効果的に行うためには，ICT機器の利用は必要不可欠であると言っても良い。それでは，ICT機器，デジタル教材などを効果的に使うためには，どのようなことを知っておけば良いのだろうか。

まず，ICTを活用するためには，教師は基本的なコンピュータ・リテラシーを有しておく必要がある。昨今のICTの革新はめざましく，その機能も多岐にわたる。また，ハードウェアも携帯端末からパーソナルコンピュータまで様々なものが存在しする。最近の若年層は，携帯端末の利用が多く，コンピュータを使用する経験が少ないケースもあると言われる。教師としては電子黒板等も含めた様々なハードウェアに触れて慣れるとともに，基本的な機能を熟知しておくことが大切である。

次に大切なのが，本項目でも扱った「教材研究」である。授業で活用することのできるデジタル教科書や学習ソフト（アプリ）には，ビデオ教材，フラッシュカードなどのドリル活動のための教具や音読を進めるための英文提示機能など，教師が授業で使えるものが沢山含まれている。これらを（1）言語・構造，（2）内容・文化，（3）タスク・言語活動，の視点から分析し学習者の学びにとって必要なものを選び，活用することが肝要である。

また，授業だけでなく学習者が個別学習として学習ソフトを利用する場合もありうる。特に，個別学習においては，個々の学習者にとって異なる「必

要な学習内容や量」を提供することができるのがICT機器を使った学習の強みでもある。いわゆる適正処遇交互作用（ATI）による効果的な学習を進めることができるのである。その実現のためにも，教師はソフトの分析を通して，学習者に使い方を適切に伝えることが肝要である。

　学習環境の変化にともなって，教師の役割も大きく変わってくる。町田（2001:88-91）は，教師の役割を表6-52-1のように示している。これは，対立的な概念ではなく，相互に深く関わっているものである。教師は，従来型の役割に加えて，学習を促進するようなコミュニケーション相手として，またより熟練した参加者として，学習者の自律した学習をサポートする役割を演じなくてはならなくなっていくのである。教材を含め学習環境の変化に教師自身が柔軟に対応できるよう常に情報のアップデートをしていく必要があるだろう。

表6-52-1　教師の役割

旧来型の教師の役割	新しい教師の役割
Designer（学習目標・学習内容の設計） Presenter（学習内容の系統的・戦術的伝達） Instructor（学習内容の効果的・効率的指導） Manager（クラス運営とコミュニケーション） Architect（学習環境の構築）	Facilitatorとしての役割 コミュニケーション相手より熟練した参加者

（町田（2001:88-91）をもとに筆者作成）

参考文献

深澤清治（2009）.「教材を使う視点」三浦省吾・深澤清治（編著）.『新しい学びを拓く英語科授業の理論と実践』京都：ミネルヴァ書房.

今井裕之（2009）.「教材を見る視点（教材研究）」三浦省吾・深澤清治（編著）.『新しい学びを拓く英語科授業の理論と実践』京都：ミネルヴァ書房.

町田隆哉他（2001）.『新しい世代の英語教育―第3世代のCALLと「総合的な学習の時間」』東京：松柏社.

（兼重　昇）

第7章　英語科の教師の自主研修

Q 53　英語科教員の専門的能力とは何か説明しなさい

1．英語科教員に求められる専門性

　英語科教員に求められる専門性を構成する要素としては，「英語力」「英語科授業実践力」「英語に関する専門的知識」が挙げられる。以下，順に簡潔に説明する。

（1）英語力

　近年の教員採用試験では，高校や中学校英語で出願するにあたり，英語資格試験の一定の級や得点の所持を条件に，試験の一部が免除されたり，加点されたり，また，それが出願要件とされたりするなど，資格試験によって示される英語力が求められる傾向にある。それが英語科教員がもつべき英語力の基盤にあることは否めないが，生徒に英語を指導するには，これに加えて指導者としての英語力が求められる。そのような英語力として，例えば，1）英語の表現や発音，対話や言語活動を英語で模範提示できること，2）指示や賞賛などの定型的な英語表現（教室英語classroom English）を用いて授業を展開できること，3）生徒との対話を通じて生徒の英語アウトプットを促せること，4）英語による発問や説明，場面の設定，課題の提示などを，生徒の習熟度に応じた語彙や表現・文法を用いて行えること，などが挙げられる。

（2）英語科授業実践力

　英語科授業実践力とは英語科授業を計画・実施・評価する力のことを言う。

　①授業を計画する力

　授業を実践するにあたっては，目標・授業・評価の一体化を図るために，中学校や高校3年間の見通しをもって，年間指導計画，単元計画，そして各授業の計画を立てる力が必要である。それに付随して，授業で扱う教科書内容の理解と補助教材の準備，言語活動の立案や言語使用の場面の設定，そのためのワークシートの作成などが求められる。授業計画に関わる一連の準備作

業は，学習指導要領の目標・内容と対象生徒の実態をふまえて行われる。

②授業を実施する力

計画した授業を実際に展開する力が求められる。授業場面に応じた適度な声の大きさ，授業展開のテンポ，発問や説明，教室英語の使用やティーチャートーク，板書の仕方，ICT機器の活用，机間指導，演技力などさまざまな指導技術が必要とされる。また，授業は計画通りに進まないことも多く，予期せぬ事態に臨機応変に対応する柔軟性が求められる。

③授業を評価する力

自身が実施した授業の成果や課題を分析する力が求められる。授業時の学級の雰囲気，生徒の学習活動の様子，机間指導などから見取ることができる問題や，授業後のノートやワークシート等の確認を通して見えてきた問題の原因を解明し，その解決策を講じることができなければならない。また，授業中の教員自身の指示，発問や説明，英語使用など，授業展開の方法を振り返って確認し，よりよい方法を探究し，次の授業へ反映しなければならない。

（3）英語に関する専門的知識

上述の「英語力」と「英語科授業実践力」は，英語を効果的に指導するために英語科教員に求められる専門的な能力と考えられるが，それだけでは生徒の思考や感情を揺さぶるような，魅力ある授業の実践は望めない。インターネットを通じて必要な知識・情報が簡単に手に入る時代においては，なおさらである。英語科において生徒が自らの知的好奇心をもとに主体的に思考して学ぶような授業を実現するには，英語科教員には，英語の世界に関する豊かな教養とともに，英語の世界を知的に探究できる学術的な素養が求められる。教育職員免許法および同法施行規則では，中学校教諭および高等学校教諭の普通免許状の取得のために履修が求められる「教科及び教科の指導法に関する科目」において扱う教科の専門的事項として「英語学」，「英語文学」，「英語コミュニケーション」，「異文化理解」が挙げられている。また，おもに英語学や英語文学を教育理論や実践と関連づけ，学校英語教育において教授・学習すべき教科内容を追究する「英語科内容学」や「英語教育内容

学」と呼ばれる学問領域がある。その研究内容として，例えば松浦他（2002）は，「英語学」的内容（音声，統語，語彙などに関する研究），「文学」的内容（テクスト分析，カルチュラル・スタディーズなど），「文化学」的内容（異文化コミュニケーション，文化人類学，社会言語学などの研究）等を挙げている。

2．英語科教員の専門性を支える資質能力

「英語力」「英語科授業実践力」「英語に関する専門的知識」は，英語科教員に求められる専門性を構成する要素ではあるが，それだけでは学校現場で英語を指導する教員の能力として十分とは言えない。上記3要素以外にも，例えば，学校や学級を経営する力，生徒に日常生活や学校生活において守るべき規則や規律を指導する力，教育実践に関わる課題を発見し解決する教師としての向上心，生徒との人間関係を構築する力や同僚教員と協働する力など，一教科によらない教師としての総合的な資質能力が求められる。言うまでもなく，上記の英語科教員の専門性を構成する3要素は，このような教師としての資質能力と一体となってはじめて効力が発揮されるものである。

しかし，これまでの教員養成や教員研修において，英語科教員の専門性（英語力，英語科授業実践力，英語に関する専門的知識）は，統合的かつ一体的に扱われるべき教師としての総合的な資質能力とは別個あるいは十分に関連づけられないままに学ばれてきた感がある。両者の溝を埋めることが，学校現場において英語を指導する英語科教員としての専門性をより高度なものとするための鍵となると考える。

3．英語科教員の専門性を高める省察力

近年の教員養成や教員研修の中核に位置づけられる概念に「省察（reflection）」がある。ショーン（2001）は「行為の中の省察（reflection in action）」にもとづき，複雑かつ曖昧で価値葛藤をともなう状況に問題を見出だし，その解決にあたる専門家を「反省的実践家（reflective practitioner）」と呼んだ。英語科教員も授業実践のなかで省察することを通して，学級の雰

囲気や生徒の発言・行動など次々と変転する状況と対話し，その状況に問題を見出し，自らの指導行為（授業展開の仕方，説明や発問，英語使用など）に判断を加える。授業後においても，授業での自身の指導行為の良し悪しや，それに対する生徒の反応に感じた疑問や戸惑い，違和感などを分析・解釈して，次の授業の方向性を考える。その際，学級経営や生徒指導，生徒との人間関係，英語科教員同士の協働のあり方が問題の原因であったり，問題解決の糸口になったりすることもあろう。このように「省察」を軸に英語科授業を再構成する営みを通して，英語科教員としての専門性（英語力，英語科授業実践力，英語に関する専門的知識）は，教師としての総合的な資質能力と有機的に関連づけられ，より高度に実践的なものとなると同時に，英語科教員としての成長を生涯にわたって支えていくものと考える。

参考文献

今津孝次郎（2012）．『教師が育つ条件』東京：岩波書店．

松浦伸和・中尾佳行・深澤清治・小野章・松畑熙一（2002）．「英語教育内容学の構築（1）―その理念と研究方法―」『日本教育大学協会外国語部門紀要』創刊号，3-31．

鳴門教育大学特色GPプロジェクト（2010）．『教育実践の省察力をもつ教員の養成―授業実践力に結びつけることができる教員養成コア・カリキュラム』東京：協同出版．

佐藤学（2001）．「訳者序文専門家像の転換―反省的実践へ」ショーン，D.A.（佐藤学・秋田喜代美訳）『専門家の知恵―反省的実践家は行為しながら考える』（pp.1-11）．東京：ゆみる出版．

ショーン，D. A.（佐藤学・秋田喜代美訳）（2001）．『専門家の知恵―反省的実践家は行為しながら考える』東京：ゆみる出版．

山森直人（2012）．「英語教師の資質と能力」．深澤清治（編著）『教師教育講座　第16巻　中等英語教育』（pp.245-257）．東京：協同出版．

（山森直人）

Q 54　教員養成と教員研修の現状と今後を説明しなさい

1．教師教育の現状

（1）教員養成

　戦後の教員養成は，戦前の師範学校や高等師範学校等を中心に行われた閉鎖的な教員養成を改めるために，幅広い教養や知識および自身の専門領域を学問的に追究する探究心を備えた専門職としての教員養成をねらう「大学における教員養成」の原則と，多様な能力や個性を有する人材を確保すべくさまざまな大学における教員養成の実現をねらう「開放制による教員養成」の原則にもとづき制度改正がなされた。1949（昭和24）年に「教育職員免許法」が制定され，大学において所定の単位を修得すれば教員免許を得ることが可能となり，1953年の同法改正により「課程認定制度」が導入され，文部省の審査を通して認定された大学において教員養成が行われるようになった。

　近年の教育職員免許法（2016年改正）および教育職員免許法施行規則（2017年改正）によれば，中学校教諭および高等学校教諭の教員免許を取得するには，基礎資格として，一種免許状の場合は学士の学位，専修免許状の場合は修士の学位（中学校二種免許状の場合は短期大学士の学位）を有し，「教科及び教職に関する科目」と教育職員免許法施行規則第66条の6に定める科目（日本国憲法，体育他）の単位の修得が必要となる。「教科及び教職に関する科目」は，「教科及び教科の指導方法に関する科目」「教育の基礎的理解に関する科目」「道徳，総合的な学習の時間等の指導法及び生徒指導，教育相談等に関する科目」「教育実習に関する科目」「大学が独自に設定する科目」から構成され，校種や免許状の種類に応じて必要な修得単位数が規定されている。

　中学校および高等学校の英語については，上記「教科及び教科の指導法に関する科目」に「英語学」「英語文学」「英語コミュニケーション」「異文化

理解」（教科に関する専門的事項）と「英語科の指導法」（各教科の指導法（情報機器及び教材の活用を含む。））が含まれる。これらに関する科目の目標や内容については，文部科学省委託事業として東京学芸大学が作成し，2017年に公表された「外国語（英語）コアカリキュラム」に具体的に示されている。参考文献のウェブサイトを参照されたい。

（2）教員研修

学校教員の研修については教育基本法の第9条に次の通り規定されており，教員のライフステージ（初任者の段階，中堅教員の段階，管理職の段階）に応じて求められる資質能力を獲得し職責を果たすべく「研究と修養」の機会が与えられることとなっている。

> 第9条　法律に定める学校の教員は，自己の崇高な使命を深く自覚し，絶えず研究と修養に励み，その職責の遂行に努めなければならない。
> 2　前項の教員については，その使命と職責の重要性にかんがみ，その身分は尊重され，待遇の適正が期せられるとともに，養成と研修の充実が図られなければならない。

教育公務員特例法には，公立の小学校等の教諭等が対象となる研修として，「初任者研修」や「中堅教諭等資質向上研修」等が定められている。

「初任者研修」は，新規に採用された教員に，実践的指導力とともに教師としての使命感や幅広い知見を獲得させることをねらい，採用の日から1年間の教諭の職務の遂行に必要な事項に関する実践的な研修を実施することとされている（教育公務員特例法第23条）。具体的には，校内研修として，ベテラン教師を講師として週10時間以上，年間300時間以上が行われ，教員に必要な素養等に関する指導，初任者による授業に対する指導，授業観察による指導などが行われる。また，校外研修としては，年間25日以上，教育センター等での講義・演習や企業・福祉施設等での体験などが行われる。

「中堅教諭等資質向上研修」とは，教育活動や学校運営において中核的な役割を果たすことが期待される中堅教諭等に対し，個々の能力や適性等に応

じて，その職務を遂行する上で必要とされる資質の向上を図るための研修である（教育公務員特例法第24条）。具体的には，長期休業期間に教育センター等において，また，課業期間中に主に校内において，教育委員会や校長による評価や計画に基づき研修が行われ，最新の教育事情に関するテーマ（例えば，カリキュラム・マネジメント，アクティブ・ラーニング等）や，学習評価，教科指導，部活動，生徒指導など多様な内容が扱われている。

　上記研修以外にも，教職経験に応じた研修（5年経験者研修，20年経験者研修），職能に応じた研修（生徒指導主任，新任教務主任，教頭，校長等），専門的な知識・技能に関する研修（教科指導，生徒指導等に関する専門的研修），大学院や民間企業等で学ぶ長期派遣研修などがある。

　また，2009年度から「教員免許更新制度」が導入され，教員として必要な資質能力が保持されるように，定期的に最新の知識技能を身に付けることとなった。新免許状には10年間の有効期間が記載され，有効期間を更新して免許の有効性を維持するには，2年間で30時間以上の免許状更新講習の受講・修了が求められる。（以上，文部科学省ウェブサイトにもとづき記載。）

２．教師教育に関する動向

　ショーン（2001）は，「行為の中の省察（reflection in action）」を通して，複雑かつ曖昧で価値葛藤を伴う状況に問題を見出し，問題の解決にあたる「反省的実践家（reflective practitioner）」という新たな専門家像を提唱した。近年の教師教育においても「省察（reflection）」が重要概念として扱われるようになり，教員養成や教員研修のあらゆる場面で省察を促す機会や時間が設けられるようになった。例えば，教員養成においては，自己省察を促すツールとして「ポートフォリオ」が活用されたり，教員研修においては，参加者の省察を促すため（講義一辺倒ではなく）演習を通して学ぶ「ワークショップ」が導入されたり，省察を研究活動の中心に据える「アクション・リサーチ」が行われたりするようになった。アクション・リサーチとは，教育実践やその状況に関する理解や教育実践の改善を目的とし，計画・実践・観察（評価）……という継続的サイクルの中心に自己省察や協働省察を位置づ

けて行われる実践的な研究を言う。

3. 英語科教員を育成する教師教育の今後

　学校を取り巻く社会は，グローバル化や情報化，技術革新の進展により加速度的に変容し，先のことを予測することが難しい時代となってきた。同時に，これまで学校において獲得されてきた知識や情報は，コンピュータやスマートフォン等といった情報端末を使えば，誰にでも場所を選ばず瞬時に入手可能となった。また，人工知能や翻訳技術の発展により，情報端末を用いれば，他言語と母語との変換が誰にでも容易にできる時代になり，その速さや精度も上がっている。このような時代の英語教育においては，その指導内容や方法を再構成しなければならない時期が来ていると考えられる。「英語」を教える時代から「英語を使って何かをすること」を教える時代が来ているのではなかろうか。省察を軸に，新たな英語教育を切り拓く，学び続ける英語科教員の養成・研修が求められる。

参考文献・URL

小島弘道・北神正行・水本徳明・平井貴美代・安藤知子（2002）．『第3版教師の条件―授業と学校をつくる力』東京：学文社.

文部科学省．「教員の免許，採用，人事，研修等」入手先https://www. mext. go.jp/a_menu/01_h.htm　2019年12月30日閲覧.

文部科学省．「教員研修」入手先https://www.mext.go.jp/a_menu/shotou/ kenshu/index.htm　2019年12月30日閲覧.

文部科学省．「外国語（英語）コアカリキュラムについて」入手先https:// www.mext.go.jp/component/a_menu/education/detail/__icsFiles/ afieldfile/2019/04/04/1415122_3.pdf 2019年12月30日閲覧.

ショーン, D. A.（佐藤学・秋田喜代美訳）（2001）．『専門家の知恵―反省的実践家は行為しながら考える』東京：ゆみる出版.

山森直人（2012）．「英語教師の資質と能力」．深澤清治（編著）『教師教育講座　第16巻　中等英語教育』（pp.245-257）．東京：協同出版.

（山森直人）

Q 55　授業研究会への参加と運営の方法のポイントを述べなさい

1．授業研究会の意義

　「授業研究会」は日本の学校教育に長く続く同僚間での授業改善の実践で明治以来の長い歴史をもつ。現在は校内研修から都道府県や文部科学省の研究開発事業まで多様な形態や規模で実施され，授業づくり，授業公開，事後検討で構成されることが多い。教師としての成長のための自主研修の機会として位置付けられるが，現実には，組織内で「順番で」「若い人から」と推されて授業公開を引き受けるケースもある。そんな環境でも意義ある研究会にするために，運営者・参加者はどのようなことに留意すればよいだろうか？

2．「授業研究会」でみかける光景

　授業研究会では，教室外（廊下）からや，教室の後ろの椅子に座ったままで授業観察するため生徒の観察が不十分な参加者，授業の記録を取らない参加者がいる。また，事後の授業検討会では「素晴らしい授業ですが，学力的に厳しい生徒にはついていけずつらいと思います」「今回の言語活動は素晴らしいですが，本文理解や文法定着はどうしていますか（そんな活動をしていたら教科書内容を消化できないのでは？）」等，学習者の観察不足，単元計画の理解不足，自分の授業観の偏りに無自覚な発言も少なくない。

3．有意義な授業研究を導く参加者の学びに向かう構え

　授業と同様に授業研究会もその成否は参加者次第である。授業研究会の参加者に求められる学びに向かう心構えとして以下の研究者の言葉を紹介したい。

Teachers as Learners of Teaching (Johnson, 2009)

　教師は教室の中では学び手の一人である。教師たちが同じ授業を観察し，授業の学び手として出来事について語り合う授業研究会では，参加者たちは授業者と生徒たちについて観察・解釈したことを質問したりフィードバックしたりする。授業者は授業中の自分と生徒の行為の意図や解釈を説明したり質問したりする。参加者全員が学び手として互恵的な関係性を築こうとする姿勢が大切である。

The Quality of Classroom Life (Allwright, 2003)

　授業研究は問題解決の営みになぞらえられることが多い。問題解決の過程には，問題の同定，原因理解，解決法の考案・実施・検証と一連の流れがあるが，授業中の出来事を「問題」として捉え，その問題の解決を効率的に図ろうとする考え方に疑問を向ける研究者もいる。例えば，生徒たちの行動が教師の期待通りにいかないことは日常的に起こるし，クラスによって反応が違うことも多い。Allwright (2003) は，授業研究を「問題」と「原因」を確定し，効率よく「解決」に至る「仕事 work」としてではなく，指導・学習を「複雑complexity」なもの，学習者を「個々特異な存在 idiosyncrasy」と考え，「生活 life」としての授業を「理解すること understanding」と捉えている。問題を解決するための対策として指導法や言語活動の改善は大切だが，それで授業が改善し生徒が皆やる気を出すとは限らない。複雑性・特異性に満ちた教室の生活を理解しようと務める研究会を目指したい。

4．有意義な授業研究会にするために

　授業研究会を実施する参加者が，どのような学びを目指し（目標），どのような手段で学ぶのか（道具），またどのように研究会を運営し（規則），参加者が他者に対してどのように貢献する（役割）ことで，研究会（共同体）を編成・維持するのかを考えたい。

　目標：授業者と学習者たちの今後の成長と，参加者自身の授業観の更新を目標に研究会に臨みたい。

　道具：①授業観察時には観察記録ノートをとる。記録をとる際には，指導案に書き込んだりするとなくしやすいので，別途専用のノートを一冊用意し

て記録を残していくとよい。ノートの取り方は自由ではあるが，例えば表7-55-1のように，(a) 時系列で時刻と出来事をメモ，(b) 日時，授業者，クラスサイズ，教材等の基本的な情報，(c) 授業者や生徒の行動の詳細と，その解釈等をメモ，(d) 授業を通して特徴的だったことをメモし，授業直後に総合的なまとめなどを書くとよいだろう。時間が経っても自分が授業観察で何を考えたかを思い出せるようになればよい。

表7-55-1　授業記録

(a) 時刻・出来事	(b) 基本情報：日時，授業者，クラスサイズ，教材等 (c) 授業者と生徒の行動・解釈（色を変えるとよい）
(d) 全体の特徴，まとめ	

（筆者作成）

②協議の際に互いの思考を視覚化することも大切だ。グループ討議の際，ホワイトボードとコメントを書けるサイズの付箋紙を用意し，付箋紙をボードに貼りながら議論し，構造図にまとめていくと，その後の報告がしやすい。

ルール：①生徒たちの学習の様子を中心に語ると，授業者と参加者に協同関係が生まれやすい。授業者の行動や発言を議論する際でも，生徒の行動と関連づけてコメントすると授業者の納得を得やすい。②授業研究会で学んだことは機会があれば自分の研究授業で公開する。授業研究会の成果はしばしば紙媒体での報告書としてまとめられるが，むしろ，自身の授業に生かし，その授業を公開することが大切であり伝わりやすい。③ティーム・ティーチングの授業を公開した際には，可能ならALTも事後検討会に参加し，日本語理解が難しいようなら英語で検討会を行う。

役割：①他の参加者の学びに貢献する。授業の出来事を自分だけで判断・解釈するのではなく，他者の見方考え方を取り入れあうために，できるだけ多く語る。②授業者も参加者に質問する。授業しながら気づいた生徒の反応などについて，自分の解釈を伝え意見を求める。③参加者は自分自身の授業と

観察した授業の共通点や差異を具体的に考える。自分の授業に取り入れられ
そうな部分を，次回の自分の授業で活用してみる。

　研究会組織：互いが水平な関係をつくり，より深い授業理解を志向し，新
しい授業の価値観を生み出そうと継続的に取り組む共同体づくりを目指す。

5. 実践的思考様式（佐藤・岩川・秋田，1990）を意識しよう

　教師の授業の語り方が教育経験と共に変化するという研究がある。熟練教
師の授業の語り方には5つの特徴があることを佐藤・岩川・秋田は明らかにし
た。新任教師たちと比較したところ，熟練教師たちは①発言の分量が多い，
②授業場面の変化を敏感に読み取り解釈する，③授業者，観察者，学習者な
ど多元的な視点で考える，④授業展開の中で「あの時の発言がこれにつな
がっている」と文脈化する，⑤授業の複数場面の出来事を構造化して授業の
課題を理解することがわかった。このような熟練教師の思考様式は，授業を
効率よく改善しようとするアプローチよりも，授業の複雑性や学習者の特異
性を適切に理解するための思考方法として有用であると思われる。

　授業研究会での議論を経験し，同僚たちの多様な解釈に触れながら自分の
授業観を少しずつ更新していくことが教師の成長につながるだろう。

参考文献

Allwright, D.（2006）. Six Promising Directions in Applied Linguistics. In S.
　　　Gieve& I. Miller (Eds.),*Understanding the Language Classroom.*
　　　(pp.11-17) New York: Palgrave MacMillan.

Johnson, K.（2009）. *Second Language Teacher Education: A Sociocultural*
　　　Perspective. New York: Routledge.

佐藤学・岩川直樹・秋田喜代美（1990）.「教師の実践的思考様式に関する研
　　　究（1）：熟練教師と初任教師のモニタリングの比較を中心に」『東
　　　京大学教育学部紀要』30, 177-198.

（今井裕之）

Q 56　自己研修の進め方を説明しなさい

　たえず研修に取り組むことは教員の義務の1つであるが，近年の教員の大量退職，新人教員の大量採用によって，若手教員の資質・能力の向上，および，キャリアステージにあわせた計画的，体系的な研修の実施体制を整備することが大きな課題となっている。このため，2016（平成28）年に教育公務員特例法が改正され，教員の研修については，校長および教員の任命権者が，教職員等育成指標（いわゆるスタンダード）を踏まえ，毎年度，体系的かつ効果的に実施するための計画を定めることとなった。この計画は，「教員研修計画」と呼ばれ，年次研修や職務研修，教員の職務に応じて実施される担当者研修，個別の学校や教員の課題に基づいて実施される校内研修，自己研修など，あらゆる研修の実施がこの計画に含まれる。都道府県あるいは指定都市教育委員会のホームページを検索すると，策定された指標と研修計画が閲覧できる。一例として，兵庫県教育委員会が作成した平成31年度の教員研修計画を見ると，県の教育の基本方針の下，研修のタイプが以下のように区分されている。

Ⅰ	年次研修・職務研修:	経験年数や職務に応じて，必要な資質・能力の向上を図る。
Ⅱ	担当者研修:	職務に応じて，必要な資質・能力の向上を図る。学校悉皆で担当者対象の研修を行い，各学校の課題対応力の向上を図る。
Ⅲ	選択研修	教科，領域等の指導に必要な資質・能力の向上を図る（専門研修・特別支援教育研修が含まれる）。
Ⅳ	校内研修・OJT等:	学校や個々の教職員の課題に応じて，資質・能力の向上を図る。

図7-56-1　教員研修計画例 （平成31年度兵庫県教職員研修計画より抜粋）

　上記の例では，「自己研修（自主研修）」は，「Ⅳ　校内研修・OJT等」の1つに位置づけられており，その内容は，「教科研究会等が開催する研修会，大

学・教育機関が開催する研修会等」への参加とされているが，後述するように，自己研修は，これだけに限定されるものではない。

　体系的な研修計画の策定と実施が義務づけられる一方で，教員の働き方改革という課題もあり，教員の多忙化に拍車をかけないよう，研修の整理・精選，実施時期の調整や，ICT を活用したオンライン研修の実施など，効果的・効率的な研修体制を整備することを国も推奨している。今後，研修制度の変化とともに，自己研修のあり方も変わるだろうが，自己研修は，教員自身が自分の強みと弱みを認識した上で取り組むことができ，「自分自身で自分の学習に合った教材や教室活動を創造していく」（横溝，2009）ことができる研修である。

　では，自己研修を通して，どのような力量を付けていけば良いだろうか。ここでは，ドナルド・ショーンによる「反省的実践家」（Schön, 1983）のモデルをもとに検討する。1980 年代に実践家の専門的学びのモデルとして「反省的実践家（reflective practitioner）」が紹介されたことが契機となり，教師の専門性に対する見方は大きく変わった。それまで，実践における問題解決は，「科学的」な理論や方法論を実践に応用することで可能とする「応用科学モデル」でとらえられていた。しかし，ショーンは，実践の現場が抱える問題は，複数の要因が複雑に絡まっており，一つの問題に単純化できるものではないこと，また，すぐれた実践家は，最初から問題解決を行っているのではなく，常に，「状況との対話（conversation with the situations）」を行いながら，注意を向けるべき問題を取り出し，その場で即興的に考え，判断をしていることを示した。つまり，行為の中で考え，状況に対応することができることこそが教師の高い専門性と言える。さらに，ショーンは，実践家の即興的判断や思考は，行為の中での疑問や驚き，当惑が起点になっていることを指摘した。例えば，教師は，授業中に「あれ，今日はいつもと違って進みが悪いな」とか，「〇さんは，前回の授業から大きく変わったなあ」という感覚を抱くことがあるが，すぐれた教師はその理由を模索しながら，どのように振る舞うべきかを判断するし，授業後もその感覚をめぐって，「なぜだろう」と考えるだろう。これらの一連のプロセスは，自らの実践を振り返

り，気付きを高めるという点で，まさに自己研修と言えるが，反省的実践家を目指すことができるような，自己研修の機会を考えたい。

　ところで，「自己研修」と聞くと，教師が1人で行う研修を想起するかもしれないが，自己研修は，同僚や仲間，あるいは，自分よりも力量の高い教員，あるいは，教師教育にあたる専門家（指導主事や大学の教員）と協同的に取り組むことで，双方に力量を引き上げたり，引き上げてもらったりすることができる。そういった取組みとして，「協同的成長（Cooperative Development）」（Edge, 2002）を紹介する。協同的成長は，英国の言語教育研究者であるJulian Edgeが開発した研修方法である。臨床心理学者のカール・ロジャースが提唱するカウンセリング論に基礎を置き，相手に対して「ああすべき，こうすべき」という態度ではなく，非指示的な態度あるいは非評価的態度で，相手の話を共感的に理解し，お互いに教師としての成長を目指す。例えば，以下のやり取りは，授業者が語り手（Speaker）となり，授業での誤り修正（error correction）を同僚教師に話している例である。

　　授業者（Speaker）：生徒たちは，間違いを修正されるのを極端に嫌うんです。だから，こうやって黙ってしまうんですよ。
　　同僚教師（Understander）：生徒さんたちは，間違いを直されるのが嫌なんですね。それは，例えば，生徒同士で間違いを修正したり，あるいは，自分で修正したりする場合にも言えるのですか。
　　授業者（Speaker）：ああ，確かに。間違いの修正と言っても，それぞれ違いますね。生徒同士で修正するときには，ワイワイ言いながらやっていますね。

　同僚教師は，その語りに耳を傾け，相手の発話を繰り返し，意味を確認したり，誤り修正の別のやり方に気付かせようとしている。協同的成長では，聞き手となる教師は，語り手が実践を言語化できる空間を作り出し，共感的な「理解者（Understander）」となることが求められる（詳しくは，Edge（2002）の事例を参照）。

　とは言うものの，同僚との間に，「語り手－理解者」の関係を作ることは，そう簡単ではない。そこで，まずは，非指示的に，あるいは，非評価的に自分の授業を振り返る機会を作ってみよう。そして，授業中に感じた感覚，情動を起点に，なぜ自分がそう感じたのかを「理解者」である同僚に語り，「理解者」は，語り手の言葉を引き出せるような場を作ってみよう。そういった対話の中から，例えば，授業中にどのような課題があるかが浮き彫りになってくるだろう（さらに，自己研修を望む人には，Mann and Walsh (2017) が示している「授業自己評価ツール（Self-Evaluation of Teacher Talk)」が役立つ）。

　自己研修の目的は，目の前の児童生徒の学びを豊かにし，自分たちも反省的実践家として成長することにある。研修計画に含まれるか否かにかかわらず，仲間と励まし合い，高め合いながら，持続可能な自己研修に取り組もう。

参考文献・URL

Edge, J.（2002）．*Continuing cooperative development: A discourse framework for individuals as colleagues*. Ann Arbor, MI: University of Michigan Press.

兵庫県教育委員会事務局教職員課（2019）．教員等の資質向上に関する指標及び教職員研修計画．https://www.hyogo-c.ed.jp/~kyoshokuin-bo/kyoshokuinkensyuu.html.

Mann, S., & Walsh, S.（2017）．*Reflective practice in English language teaching: Research-based principles and practices*. London: Routledge.

Schön, Donald A.（1983）．*The reflective practitioner: How professionals think in action*. New York: Basic Books.

横溝紳一郎（2009）．「教師が共に成長する時─協働的課題研究型アクション・リサーチのすすめ─」．吉田達弘・玉井健・横溝紳一郎・今井裕之・柳瀬陽介（編）『リフレクティブな英語教育をめざして』（pp. 75-116）．東京：ひつじ書房．　　　　　　　　（吉田達弘）

第8章　英語科の小・中・高・大の連携

Q 57　小学校における英語教育の成果と課題を説明しなさい

1．小学校における英語教育のはじまり

　小学校での英語教育は大きく分けて4つの時代を経てきた。最初が1990年代の先進校において実験的に取り組みが行われた段階である。次に2000年代初頭から「総合的な学習の時間」などを用いて実践に取り組む学校が急増し，指導が全国的な展開へと広がった段階である。さらに，2011（平成23）年以降は第5学年，第6学年を対象に，必修の「外国語活動」が全面実施されたことに伴い，全国すべての小学校で年間35単位時間の実践が展開されることとなった。そして2017年の学習指導要領改訂により2020年度からは中学年で「外国語活動（年35単位時間）」，高学年で教科としての「外国語（年70単位時間）」の実施が始まった。

　「総合的な学習の時間」の中で実施されていた時期の指導は，各小学校の裁量や地域のリーダーシップに基づいて実施されていたため，年間の時数にも指導の内容や方法にも大きなばらつきがみられた。その後2008年に改訂された小学校学習指導要領において新設された「外国語活動」では，目標や学習内容，指導上の留意点などが示され，また文部科学省作成の教材（『英語ノート1・2』，『Hi, friends! 1・2』）が冊子及びデジタル教材として配布された。これにより指導の方向性が明確になり，学校や地域ごとの実践内容のばらつきは減少していった。また，教材や指導書，モデルの学習指導案などが用意されたことにより，外国語の指導についての知識や経験が少ない小学校教員がある程度の自信をもって指導に臨めるようになったことも，この時期に見られた成果といえるだろう。

　2011年度から実施された「外国語活動」は小学校第5学年及び第6学年のみに導入され，学習は聞く・話すの音声を中心に進められた。また，年間35単位時間，すなわち週1回程度の実施であったこともあり，知識や技能の習

得よりも楽しみながら英語の音声や基本的な表現に慣れ親しむことに重きが置かれた。この「外国語活動」ではどのような成果が見られ，また課題が浮き彫りになったのだろうか。

２．外国語活動の成果と課題

（１）外国語活動の成果

　文部科学省は2011年度より全面実施された外国語活動の成果等の実態を把握するため，2015年に全国的な調査を行った。それによると次のような結果が得られた。

　①児童による自己評価

　回答した児童（第5，6学年22,202人）の71.6％が「英語を使えるようになりたい」と回答し，「どちらかといえばそう思う」を含めるとその数値は91.5％になる。また，回答した児童の85.3％が「英語の勉強は大切だと思う」と回答しており，小学生の英語学習，英語習得に対する意欲は高いといえるだろう。

　②小学校教員の感じる成果

　回答した3,203人の外国語活動を担当する小学校教員のうち76.6％が実施前と比較して児童に変容が見られると回答し，そのうちの78.5％の教員が「外国語の音声に慣れ親しんだ」と回答した。また，64.2％が「外国語の基本的な表現に慣れ親しんだ」と回答した。

　③中学校外国語科担当教員の感じる成果

　中学校教員（3,181人）に外国語活動導入前の1年生と比較して，外国語活動を経験した1年生には成果や変容が見られるかを尋ねたところ，65.3％が「とても」あるいは「まあまあ」成果や変容がみられたと回答した。そのうち，具体的には表8-57-1に示す成果・変容が指摘された。

　これらの調査結果からは，児童の英語学習意欲や英語を用いたコミュニケーションに対する良好な態度が育成されていることが伺える。また，知識や技能の育成を主目的として行ってきたわけではない「外国語活動」であったが，結果的に英語音声への慣れ親しみ，聞く力，話す力の高まりに一定の

成果が見られると言えるだろう。

表8-57-1　中学校外国語科担当教員が感じる生徒の変容

項目	肯定的回答（%）
英語の音声に慣れ親しんでいる	93.5
英語を使って積極的にコミュニケーションを図ろうとする態度が育成されている	92.6
英語で活動を行うことに慣れている	90.9
英語に対する抵抗感が少ない	86.2
英語の基本的な表現に慣れ親しんでいる	85.8
英語を聞く力が高まっている	82.1
英語を話す力が高まっている	63.2

（出典：文部科学省，2015）

（2）外国語活動の課題

　一方，外国語活動の経年と共に課題も明らかになってきた。先述の文部科学省による調査では，外国語活動の理解度を調査しており，「理解している」と回答した児童は34.0%であった。「どちらかといえば理解している」は31.2%，「半分くらい理解している」が27.1%，理解に対する否定的回答は7.7%であった。つまり，半分以下しか理解できていないと感じている児童が全体の3割以上存在するということであり，このことは指導にあたって留意すべき結果といえるだろう。

　国立教育政策研究所が2015年に教育課程特例校と研究開発学校を対象に実施した「小学校外国語教育に関する実態調査」では，「授業内容の理解と授業に対する好き嫌い」「授業内容の理解と英語に対する好き嫌い」「授業の内容の理解と授業への積極的参加」には関係性（相関）が見られることを指摘している。このことからも，児童が理解できる授業を行うことへの意識は重要であり，2020年度からの開始学年の早期化，高学年での教科化以降，その重要性はさらに増すと言えるだろう。

3．今後の課題と中学校への接続

　英語に対する学習態度や聞くこと，発音などの側面において成果が見られ

た外国語活動であるが，加えて導入当初には次のような「良さ」も聞かれた。それは，他教科では高学年になると児童の中での得意，苦手といった意識が明確になり，いわゆる「座学での勉強」が苦手な児童は複数の教科において難しさを抱きがちである。しかし外国語活動では音声を中心にゲームなどを通して体験的に学習したり，人と関わる場面が多くあったりと，他教科で苦手意識を持ちがちな児童も楽しめ，活躍できる場面が多くあった，というものである。今後は中学年で外国語活動，高学年で教科としての外国語に取り組むことになり，高学年に上がる頃にはすでに英語に苦手意識を覚えている児童が出てくる可能性がある。また，教科として読み，書きを含めて一定の習得を目指す中で，学習についていくことが難しくなる児童も出てくることも予想される。このような状況を避けるためには，英語を学ぶ目的や意義を十分に児童と共有しないまま，ただ知識の習得を目指すような指導は避けなくてはならない。1日のほとんどを自分の学級の児童と過ごす学級担任だからこそその見取りを大事に，児童の「分かる」を保証する学び方を模索することが，これからより一層重要となる。このことは中学校でも同様だろう。

　また小学校では高学年も含めて音声を通した学びが重視される。その際児童は，「全部が分からなくても核を捉える聞き方」や「言葉だけでなく非言語も含めた表現（伝え方）」を体験を通して学習している。これらは中学校以降の英語学習においても大事にされるべき点と考えられる。児童が小学校で体験してきたよい学び方は中学校以降も生かされることが期待される。

参考文献・URL

国立教育政策研究所（2017）.「小学校英語教育に関する調査研究報告書」，
　　　　入手先　http://id.nii.ac.jp/1296/00001664/　2020年2月16日閲覧.
文部科学省（2015）.「（参考資料）小学校外国語活動実施状況調査結果」，
　　　　入手先　https://www.mext.go.jp/component/a_menu/education/detail/__
　　　　icsFiles/afieldfile/2015/09/29/1362169_02.pdf　2020年2月16日閲覧.

（松宮奈賀子）

Q 58　小中連携のための観点を説明しなさい

　小学校へ教科として外国語が導入されたことから，小中連携はこれまで以上に求められる。2017（平成29）年度改訂学習指導要領もその点に十分配慮された構成および内容になっていることからも連携の重要性がうかがえる。

　ポイントとなるのは，教える内容については「技能の高まり」と「場面の広がり」，そして指導については「のりしろ」であろう。それについて解説する。

1．技能の高まり

　小中の学習指導要領に示された「聞くこと」の目標アを比べてみる。

ア　ゆっくりはっきりと話されれば，自分のことや身近で簡単な事柄について簡単な語句や基本的な表現を聞き取ることができるようにする。(小)

ア　はっきりと話されれば，日常的な話題について，必要な情報を聞き取ることができるようにする。（中）

　聞く英語について，小学校では「ゆっくりはっきり話された」ものが，中学校では「はっきり話された」ものになっている。小学校では「明瞭な音声で聞き取りやすく話されることが前提条件」なのに対して中学校では，「自然な速度に近い音声」を聞くことが求められている。聞き取る情報については，小学校が「簡単な語句や基本的な表現」なのに対して中学校では「必要な情報」とされており，「話されることのすべて」ではなく，「自分の置かれた状況などから判断して必要な情報を把握する」聞き取りができなければならない。このように，小中で同じような言語活動が目標となっていることがほとんどである，しかし，中学校の方が到達すべきゴールがかなり高くなっており，技能の高まりが求められていることを理解しておく必要がある。

2．場面の広がり

　2017年改訂学習指導要領では，「コミュニケーションを行う目的や場面,

状況」の重要性がいたるところに記述されている。

　扱う話題について，小学校学習指導要領では，「日常生活に関する身近で簡単な事柄」に限定されていることが多い。食べ物，衣類，遊びの道具など，児童が日々の生活の中で接するものなどを指している。それに対して中学校では，「日常的な話題」「社会的な話題」となり，環境問題や食糧問題などにいたる幅広い話題を扱うことになっている。

　言語の働きについても，小学校では礼を言う，ほめる，承諾するなど比較的コミュニケーションがうまくいくような働きを扱うのに対して，中学校ではそれらに加えて苦情を言う，断るなど言いにくい働きにまで広がっている。さらに，小学校では説明する，発表する，意見を述べるなど自分の考えを述べる働きが多いのに対して，中学校では，描写するという客観的な事実を述べる働きが加えられ，使用場面が広がっている。

3．「のりしろ」部分の指導

　子供たちはある日突然に成長するのではなく，日々成長を重ねている。英語の指導においても，小学校から中学校になると急激な段差を付けるのではなく，円滑に接続させなければならない。それには，小学校6年生の後半から中学校1年の前半を「のりしろ」と位置付けた指導が必要である。

　小学校においては，技能の高まりを意識した指導はその1つであろう。例えば英語の速度を速くして聞かせたり，音声でできるようになった自己紹介を英語で書かせたり，自分の考えをまとまりよく話させるなど，中学校での指導事項をうまく取り入れることで円滑な連携が図れる。

　中学校においては，小学校のゴールをしっかりと踏まえた指導が大事である。小学校で教えられた内容は復習として簡単に扱うようにして，一から教え直すことは避けなければならない。また，文字指導において，小学校で音声での活動を行ってきた内容を書かせるなど，小学校で学んできたことをうまく活かした指導が必要である。

（松浦伸和）

Q 59　中高連携のための観点を説明しなさい

1．高校から中学を見る場合

　高校教員は，中学校の教科書や高校入試の問題を見ると，気づきが多いだろう。言語材料については，高校教員からすると平易であり，中学校で既習だろうと思うような項目が，意外と未習で残されていることがある。特に語彙に関しては，教科書でのカバー率は高くない。高校入試問題でどのような語句が「注」に挙げられているかを見ると，そのことがよく分かるだろう。

　また，単語自体は知っていても，正確な語法が身についてないことも多い。例えば，他動詞に比べて自動詞は触れる用例も少なく，We'll wait for the next bus. は使えても，This can wait. はハードルが高い。いわゆる非対格動詞のhappenなどの語法も難しく，*A wonderful thing was happened. のような誤用が多い。さらに，*I falled my wallet yesterday. のような，自動詞と他動詞の混同や不規則変化の活用形などもトラブルスポットである。

　文法に関しては，中学校の範囲を学習したとは言っても，まだ教材で出会った特定の文脈や用例の中で個別事例として理解するにとどまり，文法規則として汎用可能な状態にはなっていない場合が多い。例えば，something cold to drinkという表現が使えるからといって，同じ規則によるnothing important to discussが使えるとは限らない。高校では，徐々に多様な用例に触れさせて，規則として一般化できるよう導きたい。

　授業の進め方については，今の高校生は小学校以来，言語活動を主体とする授業に慣れている。高校教員が思う以上に生徒は活動には抵抗感なく取り組めることも多い。「生徒が嫌がるのでは？」と遠慮することなく，ペア・ワークや発表活動などを積極的に取り入れてみるとよいだろう。

2．中学から高校を見る場合

　中学校教員にとっても，やはり高校の教材を見ることは大切である。そし

て，中学校での指導が高校でも通用するか検討してみるとよいだろう。

　中学英語では，初学者向けの配慮という名目で不正確な文法説明がしばしば流通する。例えば，「someは肯定文で，anyは否定文・疑問文で使う」という説明である。言うまでもなくこれは不正確で，中学校の範囲に限っても，例えば比較の学習で出会うTom can swim faster than any other boy in his class. などの用例が，すでに反例となる。あるいは，「aは初出の名詞に，theは2回目以降の名詞に」というのも，同じく不正確である。これらは，多くの場合，練習問題を解くための初歩的なテクニックにすぎず，英語そのものの正確な理解には，むしろ有害である。そもそも文法の練習問題には，限られた言語材料から作問する制約から，英語の正確な理解には役立たない「問題のための問題」が含まれがちである。例えば，The weather was nice enough for Kumi to go cycling. ≒ The weather was (so)(nice) that Kumi (went) cycling. のような書き換えがあるが，第1文は「クミは無類のサイクリング好きで，小雨程度ならおかまいなしだ」という場合もありえるので，so…that…で書き換えるのは不正確である。

　また，中学校で指導する項目が高校でどのように発展するかも知っておくと，より系統性のある指導ができるようになる。例えば，中学校でも基本的なものが教えられることになった仮定法について，実はI would like to…などの表現として既出であることが分かれば，助動詞を扱う段階で仮定法との接続を見越した工夫ができるだろう。あるいは，高校で出会う分詞構文が副詞節の一種であると認識していれば，to不定詞の名詞的用法，形容詞的用法，副詞的用法という3分類を-ing形に当てはめて，-ing形の名詞的用法＝動名詞，形容詞的用法＝shooting starsなどの形容詞としての用法，そして副詞的用法＝分詞構文と整理できることが分かる。そうすると，中学範囲でも準動詞を系統立ててすっきりと説明することが可能になる。

　なお，当然のことではあるが，教員自身の英語ユーザーとしての力量が高まってくると，こうした中学英語の問題点にも気づきやすくなる。

（山岡大基）

Q 60 高大連携のための観点を説明しなさい

1．高大連携とは？

　高大連携とは，高等学校と大学が連携して高等学校から大学への教育を円滑に接続することを目的とした取り組み・教育活動を指す。高大連携の取り組みでは，大学での公開授業に高校生が参加すること，高校生が大学の科目履修生として大学での授業を履修すること，大学教員が高校に出向いて授業を行うこと，といった取り組みが行われている。このような教育活動を通して，高校生が大学で学ぶことの意義について理解を深め，大学での学びに学習意欲を持たせることを目的としている。近年，高大連携が盛んに行われている背景には，少子化による大学間での学生獲得競争や大学生の学習意欲低下の問題がある。これらの問題に対して，今後増々，高大連携の促進が求められる。本稿では，英語科における高大連携に必要な観点として，（1）大学英語教育の現状把握，（2）英語学習者のつまずきと諦め，（3）高等学校と大学教員間での連携・交流強化，の3つを挙げ，今後の高大連携の在り方を提示する。

（1）大学英語教育の現状把握

　近年，大学入試の多様化により，多くの大学において，英語の基礎を身につけないまま大学に入学する学習者が増える傾向にある。このような現状を踏まえ，多くの大学では，現在，リメディアル教育に取り組んでいる。このリメディアル教育とは，大学入学までに学習者が習得すべき高校課程の学習内容を，大学授業で補っていくことを指す。英語リメディアル教育においては，学習者の英語力向上を目指し，学習者が基礎的な英語力を身につけられるよう中学・高校英語を基にした指導が進められている。このような大学英語教育の現状を踏まえて，英語科における高大連携を進める必要がある。

（2）英語学習者のつまずきと諦め

　英語リメディアル教育の対象となる学習者は，学習過程でいつ，どのよう

なつまずきや諦めを経験しているのか。英語科における高大連携を考える上で，上述の観点1を踏まえ，英語学習者のつまずきと諦めの過程について理解を深めることは，英語科教員にとり重要である。以下に，学習過程における英語学習者のつまずきと諦めに加え，それらの具体例を示す。

表8-60-1 英語学習過程でのつまずきと諦め

学習過程	つまずきとあきらめ		
	①つまずき1 「読めない」	②つまずき2 「わからない」	③あきらめ 「もう無理」
中学校	・小学校で学ぶローマ字指導の影響 例1）人の名前 “Sue” をローマ字読みで「スエ」と読んでしまう。		
高等学校	⟶	・大学入試 ・文法指導 例）文法指導の際に使われる「補語」や「目的語」といった用語の意味がわからない。	
大学	⟶		・大学英語の意義 例）日常生活で英語を使う機会がない。

（筆者作成）

①つまずき1：「読めない」

英語リメディアル教育学習者の多くが経験するつまずきは，小学校英語から中学校英語への移行にある。学習者は，小学校でローマ字知識を習得し，中学校で「英語」を学ぶことになる。この時点でつまずく学習者は，小学校で習得したローマ字知識が使えず，英語がわからない状態になり，授業についていけない状況に陥る。このような学習者は，読み方のわからない単語に出会うと，ローマ字知識を援用して発音する，という対処法で英語授業・学習に臨む。

②つまずき2：「わからない」

中学英語でつまずき，英語に苦手意識を持つ学習者は，高校英語では，さ

らに苦手意識を強める。中学英語が習得できていない中，高等学校では，大学受験に向けた指導や用語を用いた文法指導を受けても，学習者は授業についてゆけず，自分は「英語がわからない」という意識をより強める。定期試験では，英語の基礎力がないため，試験範囲を暗記して受けることになる。暗記した内容が「そのまま」試験に出されれば良いが，少しでも問題形式や単語が変わると，自身が暗記した内容と異なるため，対応できない傾向にある。

　③あきらめ：「もう無理」

　つまずき１とつまずき２を経て，大学へ入学した学習者は，大学で英語を履修する際，英語を学ぶことに諦めを感じながらも，再度，大学英語授業で中学・高校英語を学び直すことが求められる。加えて，大学教員から英語を学ぶ必要性を指導されても，大学では受験もなく，日常生活で英語を使う環境にいないため，大学で英語を学ぶ意義が見いだせず，英語に対する学習意欲は失われ，「英語は，もう無理」と，さらに諦めを強めてしまう傾向にある。

（3）高等学校と大学教員間での連携・交流強化

　高大連携を促進するためには，①人材育成のための共通の目的・ビジョン，②高等学校と大学の英語教育の現状についての共有，③高校生・大学生の学習意欲を含めた現状，について互いに理解を深め，高大連携取り組みの進め方について検討する必要がある。そのためにも，双方の教員が協働して高大連携促進に向けた意見交換の場を設け，高校・大学英語教育が抱える課題を教員間で共有し，高等学校と大学の枠組を超えて，英語教育を行う意義と指導の在り方について話し合い，連携してゆく必要がある。

２．今後の高大連携に向けて

　上述の少子化といった問題に加え，移民大国という日本の現状を考えると，新しい形の高大連携が必要であろう。その際には，日本の現状を踏まえ，日本で英語を学ぶ意義，そして英語教育を通して育みたい人材について双方で話し合い，本稿で提示した高大連携の３つの観点を基に，高校・大学

教員が協働して，学習者一人一人の様々な可能性を信じ，その可能性を開花できる縁となれるような高大連携の形が検討される必要がある。また，英語学習過程でのつまずきと諦めを考えると，今後の高大連携は，小学校・中学校との連携を図りながら進めていくことが求められる。

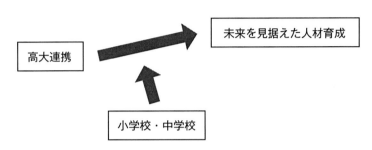

図8-60-1　英語科における今後の高大連携の在り方（筆者作成）

参考文献・URL

藤田哲也（2006）．「初年次教育の目的と実際」『リメディアル教育研究』第1巻, 1-9.

牧野眞貴（2018）．「英語リメディアル教育における教師に起因する学習意欲低下についての研究」『リメディアル教育研究』12, 27-37.

間中和歌江（2010）．「基礎レベルの大学生に中学生を指導させる試み」『リメディアル教育研究』5(1), 21-27.

文部科学省（2006）．「高等学校と大学との接続における一人一人の能力を伸ばすための連携の位置づけ」入手先　http://www.mext.go.jp/b_menu/shingi/chousa/koutou/0217/ houkoku/06040408/001/004.htm　2019 年11月10日閲覧.

辰己明子・築道和明・兼重昇・梅木璃子（2019）．「フォーカスグループインタビュー調査による英語を苦手とする大学英語学習者の実態把握」『日本リメディアル教育学会第15回全国大会発表予稿集』, 80-81.

（辰己明子）

編著者・執筆者一覧

[編著者]

卯城祐司　筑波大学人文社会系教授，博士（言語学）。全国英語教育学会会長，小学校英語教育学会会長等を歴任。

著書：（編著）『英語で教える英文法：場面で導入，活動で理解』（研究社，2014年），（編著）「MINERVA はじめて学ぶ教科教育⑤」『初等外国語教育』（ミネルヴァ書房，2018年）。

樫葉みつ子　広島大学大学院准教授。

著書：『英語で伝え合う力を鍛える！　1分間チャット＆スピーチ・ミニディベート28』（明治図書，2008年），（共著）『成長する英語教師をめざして』（ひつじ書房，2011年）。

[執筆者]（50音順）

池岡　慎	（広島大学附属福山中・高等学校教諭）
今井裕之	（関西大学大学院教授）
磐崎弘貞	（筑波大学人文社会系教授）
大野真澄	（慶應義塾大学准教授）
笠原　究	（北海道教育大学旭川校教授）
兼重　昇	（大阪樟蔭女子大学教授）
川野泰崇	（大分工業高等専門学校准教授）
佐藤　剛	（弘前大学講師）
清水　遥	（東北学院大学准教授）
清水真紀	（群馬大学非常勤講師）
栖原　昂	（筑波大学附属中学校教諭）
千菊基司	（広島大学附属福山中・高等学校教諭）
髙木修一	（福島大学准教授）
辰己明子	（長崎外国語大学准教授）
築道和明	（広島大学名誉教授）
中川知佳子	（東京経済大学准教授）
中島真紀子	（筑波大学附属中学校教諭）
濱田　彰	（明海大学専任講師）

久松功周　（広島大学附属中・高等学校教諭）

土方裕子　（筑波大学人文社会系助教）

深澤清治　（広島大学名誉教授）

深澤　真　（琉球大学准教授）

星野由子　（千葉大学准教授）

松浦伸和　（広島大学大学院教授）

松宮奈賀子　（広島大学大学院准教授）

山内優佳　（広島文化学園大学講師）

山岡大基　（広島大学附属中・高等学校教諭）

山森直人　（鳴門教育大学大学院教授）

吉田達弘　（兵庫教育大学大学院教授）

新・教職課程演習　第18巻
中等英語科教育

令和 3 年 3 月 30 日　第 1 刷発行

編著者　卯城祐司 ©
　　　　樫葉みつ子 ©
発行者　小貫輝雄
発行所　協同出版株式会社
　　　　〒 101-0054　東京都千代田区神田錦町 2-5
　　　　　　　　電話　03-3295-1341（営業）　03-3295-6291（編集）
　　　　　　　　振替 00190-4-94061
印刷所　協同出版・POD工場

ISBN978-4-319-00359-4

新・教職課程演習

広島大学監事 野上智行 編集顧問
筑波大学人間系教授 清水美憲／広島大学大学院教授 小山正孝 監修
筑波大学人間系教授 浜田博文・井田仁康／広島大学名誉教授 深澤広明・広島大学大学院教授 棚橋健治 副監修

全22巻　A5判

協同出版